비주얼
씽킹 **창의
언어놀이**

비주얼 씽킹 창의 언어놀이 친구·책 편

저자 김지영
초판 1쇄 인쇄 2020년 9월 2일 **초판 1쇄 발행** 2020년 9월 14일

발행인 박효상 **편집장** 김현 **편집** 김준하, 김설아 **디자인** 이연진
기획 · 편집 진행 권민서 **일러스트** 조예희
마케팅 이태호, 이전희 **관리** 김태옥 **종이** 월드페이퍼 **인쇄 · 제본** 현문자현

출판등록 제10-1835호 **발행처** 사람in
주소 04034 서울시 마포구 양화로 11길 14-10 (서교동) 3F
전화 02) 338-3555(代) **팩스** 02) 338-3545 **E-mail** saramin@netsgo.com
Website www.saramin.com
책값은 뒤표지에 있습니다. 파본은 바꾸어 드립니다.

ISBN
978-89-6049-856-3 64710
978-89-6049-847-1 (세트)

어린이제품안전특별법에 의한 제품표시	
KC **제조자명** 사람in **제조국명** 대한민국 **사용연령** 5세 이상 어린이 제품	**전화번호** 02-338-3555 **주 소** 서울시 마포구 양화로 11길 14-10 3층

우아한 지적만보, 기민한 실사구시 **사람in**

초등 국어 학습 개념 총망라

비주얼 씽킹 창의 언어놀이

친구·책 편

✦ 어휘력, 표현력, 창의력이 쑥쑥!
✦ 놀면서 배우고, 배우면서 놀자!
✦ 그림놀이와 언어놀이의 결합!

김지영 지음

사람in
saram in com

머리말

믿음직한 우리의 언어대장들에게

친구들, 안녕하세요?

오늘도 재미있게 뛰어놀았나요?

선생님이 방금 굉장한 소문을 들었어요.

우리 친구가 언어대장이 되어 마녀가 사는 성으로 떠난다고요. 정말?

우와, 생각만 해도 벌써 가슴이 콩닥콩닥해요! 그렇다면 먼저 준비를 잘해야겠지요?

연필과 지우개, 색연필 그리고 더 필요한 것은 꽁꽁마녀를 이길 수 있는 언어 실력!

으악! 마녀와의 게임이 너무 어려울 것 같다고요? 틀리면 어떻게 하냐고요?

걱정하지 마세요.

우리 친구들이 꼭 성공해서 돌아올 수 있도록 지금부터 선생님이 몇 가지 방법을 알려줄게요.

첫째, 단어나 문장을 쓰는 게임은 최대한 많이, 잔뜩, 종이에 꽉 차도록 가득 써 보세요.

둘째, 그림으로 표현하는 게임은 떠오르는 생각을 마음껏 자유롭게 그려 보세요.

셋째, 생각이 멈추면 옆에 있는 책을 펴 보세요. 어떤 책이라도 여러분에게 아이디어를 줄 거예요.

마지막으로 이건 비밀인데…, 틀려도 괜찮아요. 이제부터 하나씩 배워 가면 되니까요.

가장 중요한 것은 매일매일 이 책을 펴고 하나씩 미션을 성공하는 것과 내가 좋아하는

동화책을 즐겁게 읽는 거예요. 아마도 우리 친구들이 이 책을 끝마칠 때면 교실에서는

손을 번쩍 들어 발표도 잘하고, 아리송했던 책들도 훨씬 더 쉽게 읽힐 거예요.

왜냐고요? 우리 친구들의 언어 실력이 쑤-욱 커져 있을 테니까요.

자, 그러면 꽁꽁마녀가 사는 수리수리성으로 함께 떠나 볼까요?

꽁냥이만큼 사랑스러운 고양이와 살고 있는
김지영 선생님이

나만큼?

책을 구하라!

이 책의 주인공은 나야, 나!

신나는 모험 속 주인공은 다름 아닌 독자 여러분입니다. 흥미진진한 미션을 풀어 가는 동안 어휘력과 창의력이 자라날 거예요.

하루에 한 장씩 혼자서도 신나요!

매일 한 가지씩 펼쳐지는 기상천외하고 엉뚱한 미션을 풀어 보세요. 꽁꽁마녀와 대결을 펼치며 공부가 아닌 놀이로 혼자서도 재미있게 풀 수 있어요.

언어 표현력과 논술 실력이 쑥쑥 자라요!

다양한 말놀이와 글쓰기를 하다 보면 나도 모르는 새 어휘력이 커지고 스스럼없이 자신의 생각과 감정을 언어로 표현할 수 있게 돼요. 이것은 논술 실력이 향상하는 기초가 되지요.

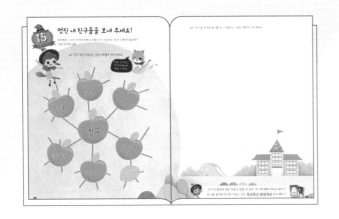

창의력과 시각적 표현력이 자라나요!

다양한 그리기 활동이 있어서, 자신의 생각을
그림으로 표현하는 것이 즐거워져요. 깊은 사고를
바탕으로 한 창의적 발상과 감각적 표현이
한 번에 이루어지지요. '비주얼 씽킹'을 강조하는
요즘 효과적인 이미지 전달을 연습할 수 있어요.

초등 교과 연계로, 학교 공부도 척척!

이 책의 내용은 '2015개정 교육과정'의 초등 1~2학년 교과와 연계되어 있어요.
사고의 폭이 커지고 어휘력이 폭발하는 시기에 있는 초등 1, 2학년 친구들이
학교 공부를 하는 데 실질적인 도움이 될 거예요.

2015 개정 교육과정 연계

2015 개정 교육과정 국어과에서 지향하는 비판적 · 창의적 사고 역량, 자료 · 정보 활용 역량, 의사소통 역량,
공동체 · 대인 관계 역량, 문화 향유 역량, 자기 성찰 · 계발 역량 등을 기를 수 있도록 구성했습니다.

1학년 1 학기	1학년 2 학기	2학년 1 학기	2학년 2 학기
바른 자세로 읽고 쓰기, 재미 있게 ㄱㄴㄷ, 다 함께 아야어 여, 글자를 만들어요, 다정하 게 인사해요, 받침이 있는 글 자, 생각을 나타내요, 소리 내 어 또박또박 읽어요, 그림일 기를 써요	소중한 책을 소개해요, 소리 와 모양을 흉내 내요, 문장으 로 표현해요, 바른 자세로 말 해요, 알맞은 목소리로 읽어 요, 고운 말을 해요, 무엇이 중요할까요, 띄어 읽어요, 겪 은 일을 글로 써요, 인물의 말과 행동을 상상해요	시를 즐겨요, 자신 있게 말해 요, 마음을 나누어요, 말놀이 를 해요, 낱말을 바르고 정확 하게 써요, 차례대로 말해요, 친구에게 알려요, 마음을 짐 작해요, 생각을 생생하게 나 타내요, 다른 사람을 생각해 요, 상상의 날개를 펴요	장면을 떠올리며, 인상 깊었 던 일을 써요, 말의 재미를 찾아서, 인물의 마음을 짐작 해요, 간직하고 싶은 노래, 자 세하게 소개해요, 일이 일어 난 차례를 살펴요, 바르게 말 해요, 주요 내용을 찾아요, 칭 찬하는 말을 주고받아요, 실 감 나게 표현해요

 부모님과 선생님께 유용한 지도팁! 활동이 갖는 의미와 효과적인 안내글을 부록으로 실어, 지도에 도움을 드립니다.

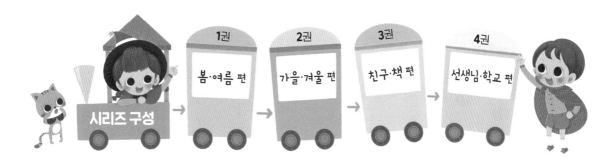

꽁꽁마녀, 학교를 납치하다!

" **뉴스를 말씀드리겠습니다.** "
어제까지 있던 학교가 갑자기 사라졌다고 합니다.
아무도 본 사람이 없다고 하는데 어떻게 된 일인지
지나가는 시민들의 이야기를 들어 보시죠.

분명히 이 자리에 학교가 있었거든요. 도대체 학교가
하늘로 솟았나, 땅으로 꺼졌나, 귀신이 곡할 노릇이에요.
그럼 이제 학생들은 어디 가서 공부하나요? 큰일 났어요!

우리 애들도 사라졌어요. 아침에 밥 먹여서 학교를 보냈는데
말이죠. 학교가 없어졌으니 애들은 어디 가서 찾나요?
이를 어쩌죠? 경찰서에 신고부터 해야겠어요!

이제 학교가 없어졌으니 어디서 놀아요? 저는 운동장에서 모래
놀이하는 걸 제일 좋아하거든요. 하지만 곰곰이 생각해 보니 계속
없어도 될 것 같아요. 그럼 공부 안 해도 되잖아요. 앗싸!
이제 모래놀이는 동네 놀이터 가서 해야겠다. 얘들아, 가자!

어떻게 이런 일이???

온 세상에 구름 ☁️ 이 뭉게뭉게 피어오른 어느 날,

사랑스러운 고양이 꽁냥이 🐱 와 알콩달콩 살고 있던 꽁꽁마녀 🧙 가

꽁꽁 언 아이스크림 🍦 을 먹으며 『학교 가기 싫어요!』라는 책 📖 을 읽었대.

꽁꽁마녀는 인간 세상의 학교가 너무 궁금했어. 왜냐하면, 마녀 마을에는 학교가 없었거든.

그래서 학교를 자기 성으로 가져오기로 한 거야, 글쎄!

꽁꽁마녀는 슝슝빗자루 🧹 를 타고 쌩 하니 날아갔지 뭐야.

그러고는 학교를 통째로 꽁꽁밧줄 🏫 로 꽁꽁 묶었어.

학교에 있던 친구들, 수많은 책, 선생님, 그리고 학교 건물까지

몽땅 한꺼번에 말이야. 세상에나!!!

그러고는 수리수리성 🏰 의 마수리 방에 가둬 버렸어.

그 방은 '열려라 참깨 열쇠' 🔑 만이 열 수 있는데 말이지. 어쨌든 인간 세상에서

학교가 사라졌다며 시끌시끌하자, 꽁꽁마녀는 고민 끝에 편지 ✉️ 를 한 통 보내왔어.

학교를 찾고 싶으면
게임에 성공해서 마법 카드를 얻을 것!
15장의 마법 카드를 획득하면 '열려라 참깨 열쇠'로 열어
학생들, 책, 선생님, 학교 건물을 하나씩 보내 주마.
하지만 쉽지 않을 거야. 하하하!

🦇 수리수리성 🏰 에 사는 꽁꽁마녀가 🧙

🐾 이름은? 비비디바비디부 워리워리돈워리 꽁꽁마녀.
　　(남들보다 이름이 쬐끔 길어서 보통은 '꽁꽁마녀'라고 부르지.)

🐾 나이는? 네 사촌의 옆집 동생의 나이에 123개월을 더하면 될 거야, 아마도?

🐾 어디에 살아? 수리수리성.

🐾 누구랑 살아? 꽁냥이(그림 그리기를 좋아하는 고양이)랑 둘이 살아.

🐾 좋아하는 일은 뭐야? 꽁꽁 언 아이스크림을 먹으며 책을 읽는 거야.

🐾 심심할 땐 뭐 해? 책 읽다가 그림을 그리지.(하지만 난 바쁠 때도 책을 읽어.)

🐾 궁금할 땐 어떻게 해? 당연히 마녀들의 백과사전에서 찾아보지.

🐾 잘하는 건 뭐야? 마녀스프 만들기, 마녀의 역사책 읽기, 캐리커처 그리기.

🐾 더 잘하는 건 뭐야? 말놀이.(누구한테도 져 본 적이 없지!)

🐾 나쁜 점은 뭐야? 갖고 싶은 게 있으면 잠을 못 자.

🐾 진짜 나쁜 점은 뭐야? 갖고 싶은 건 뭐든 꽁꽁밧줄로 묶어 가져오지.

🐾 얼굴의 특징은? 너무 예쁜 게 단점이랄까?(진짜야!!)

🐾 어떤 옷을 입었어? 별이 달린 뾰족 모자와 보랏빛 망토를 즐겨 입지.

🐾 마지막으로... 수리수리성은 어떻게 생겼어?

지하에는 숭숭빗자루 보관소가 있고, 4층까지 있는데 각 층에는
15개의 특별한 방이 있으며, 그 끝에 마수리 방이 있어.
그리고 이건 비밀인데,
옥상에는 반짝반짝 별뿐만 아니라 뭐든 보이는
'깜짝이야 망원경'이 숨겨져 있지!

학교가 갇혀 있는 수리수리성과 마녀를 그려 보자!

🐾 내가 그동안 생각했던 마녀와 꽁꽁마녀의 다른 점은?

_____

🐾 꽁꽁마녀의 장점은?

_____

🐾 꽁꽁마녀의 단점은?

_____

🐾 내가 생각했을 때 전체적인 꽁꽁마녀의 성격은?

_____

그날부터 어른들이 모여서 머리를 꽁꽁 싸매고 회의를 했지.

"모두들 꽁꽁마녀에 대해 살펴보셨죠?"
"네, 책을 많이 읽고, 말놀이를 잘한다니 만만치 않겠어요."
"하지만 정확한 나이는 몰라도 고양이랑 사는 아직 어린 마녀예요."
"우리도 정정당당하게 말놀이를 잘하는 어린이로 보냅시다."
"부모님과 떨어져 여러 날을 있어야 할지 모르니 용감해야 해요."
"맞아요. 용감하고, 말놀이도 잘하고, 지혜로운 어린이로 선발하자고요."
"좋아요. 당장 '언어대장'을 뽑읍시다!"

그.래.서.
'언어대장'으로 우리 친구가 뽑혔다는 사실!!!

임 명 장

이름:

위 어린이를 수리수리성에 갇혀 있는 학교를
안전하게 데려올 때까지 우리를 대표하는
언어대장으로 임명합니다.

년   월   일

우리 학교 찾기 대책 위원장

좋다, '언어대장'인 나에 대해 소개하지!

🌸 이름은?

🌸 나이는?

🌸 어디에 살게?

🌸 누구랑 살게?

🌸 제일 좋아하는 음식은 뭐야?

🌸 좋아하는 놀이는 뭐야?

🌸 심심할 땐 뭐해?

🌸 잘하는 건 뭐야?

🌸 더 잘하는 건 뭐야?

🌸 나쁜 점은 뭐야?

🌸 나쁜 점을 고치려고 어떻게 노력하게?

🌸 얼굴의 특징은?

🌸 어떤 옷을 입었어?

🌸 나를 응원해 줄 사람은 누가 있을까?

🌸 마지막으로 각오 한 마디! 짧고, 굵게 말해 볼까?

슝슝빗자루를 타고 수리수리성으로 출발!

'언어대장'이 '나'로 정해지자 꽁꽁마녀는 우리 집으로 슝슝빗자루와 함께 편지를 보내왔다!

언어대장, 나의 멋진 슝슝빗자루를 타고 오렴.

먼저 네가 이 슝슝빗자루를 탈 자격이 있는지 심사하도록 하겠다.

보내 주는 종이에 네가 빗자루를 타고 있는 그림과

그 기분을 7가지 낱말로 표현해 볼 것!

보내온 상태가 마음에 들지 않으면

하늘에서 빗자루가 뒤집힐 수도 있지. 하하하!

🦇 수리수리성 🏰 에 사는 꽁꽁마녀가 🧙

재미나다
기대된다
두근두근
설렌다
흥분된다
쿵쾅쿵쾅
콩닥콩닥

꽁꽁마녀에게 내 실력을 보여주자!

잊지 않았지? 슝슝빗자루를 타고 있는 내 모습을 그리고, 하늘을 나는 기분을
7가지 낱말로 표현해 보는 거야. 꽁꽁마녀가 내 실력에 깜짝 놀라도록
기분을 나타내는 낱말을 잔뜩 적어 주자!!!

제발
빗자루가 뒤집히지
않기를 바란다냥.

친구를
구하라!

세상에서 제일 긴 국수라고요?

언어대장, 여기까지 오느라 수고 많았어! 먼저, 생각만 해도 입에
군침이 도는 음식을 먹으면서 시작해 볼까? 여기서는 지구를
한 바퀴 돌리고도 남을 만큼 길면서도 새콤달콤, 또 매콤한
맛있는 국수를 만들어 보자.

🦇 국수 가닥이 끊어지지 않도록 길고 긴 국수를 그려 보세요.

새콤하고, 달콤하고, 매콤한 맛은 어떤 재료를 넣어야 할지 그리고,
음식 먹는 소리나 모습을 표현하는 낱말을 가득 적어 보세요.

지구는 몰라도
수리수리성은
한 바퀴 돌리겠다냥.

후루룩

짭짭

✷ 새콤한 맛이 나도록 어떤 재료를 넣었어?

✷ 달콤한 맛이 나도록 어떤 재료를 넣었어?

✷ 매콤한 맛이 나도록 어떤 재료를 넣었어?

✷ 네가 만든 국수를 누구랑 먹고 싶어?

✷ 이유는?

세상에서 제일 긴 국수 요리 끝! 어때, 보기만 해도 침이 넘어가?
꽁냥이가 말한 것처럼 수리수리성은 한 바퀴 돌릴 수 있도록 길게 그렸지?
그렇다면 성공, **새콤달콤 마법카드** 획득!!!

마법카드

친구와 함께 칙칙폭폭!

언어대장, 기차들이 보이지? 여기서는 끝말잇기로 나와 시합을 해 보자! 난 학교로 시작할 거야.

학교 ➡ 교과서 ➡ 서울 ➡ 울보 ➡ 보자기 ➡ 기역 ➡ 역마차 ➡ 차도 ➡ 도미니카 공화국 ➡
국화 ➡ 화분 ➡ 분필 ➡ 필통 ➡ 통발 ➡ … 난 밤새도록 할 수 있지!

✔ 기차의 몸통에는 글씨를 적고, 위쪽은 그림으로 표현해서 끝말잇기를 해 보세요.

친구 ➡ 구구단 몰라 ➡
라면은 좋아 ➡ 아,
난 공부가 싫다냥.

어때? 언어대장도 밤새도록 끝말잇기를 할 수 있다고? 좋아, 이 방의 모든
기차가 끊어지지 않고 잘 연결되었다면 성공, **칙칙폭폭 마법카드** 획득!!!

당근을 마술병에 쏙!

꽁냥이가 마술 놀이터에서 놀다가 그만 마술병 뚜껑이 열려서 모두 섞여 버렸지 뭐야?
병에 쓰여 있는 이름대로 마술 약들을 넣어 줘야만 해. 마술 약을 화살표로 병 입구까지
그려 주면 저절로 들어간대.

규칙 '뿌리를 먹는 채소', '열매를 먹는 채소'에 해당하는 5개의 마술 약을 각각 넣어 줄 것.

주의사항 만약 마술 약을 3개 이상 잘못 넣으면 병이 깨진다. **으악!**

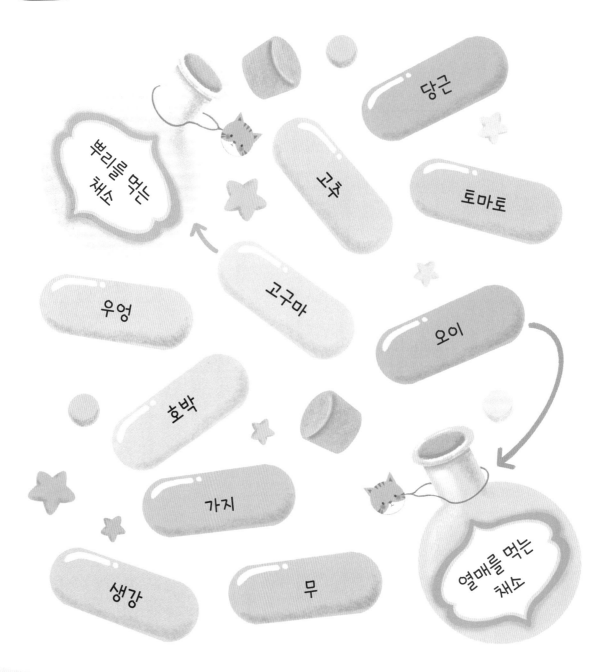

이어 주는 말을 찾아라!

꽁냥이가 뒤죽박죽 마법 책을 보고 있네. 아래 문장의 빈칸에 이어 주는 말을 뒤죽박죽 마법 책에서 찾아 써 보자!

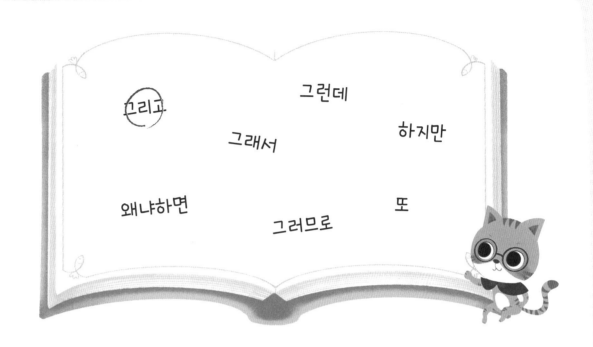

그런데

그리고

그래서

하지만

왜냐하면

그러므로

또

예시 유민이는 그림을 잘 그려요. 그리고 피아노도 잘 치지요.

1 지미는 아이스크림을 많이 먹었어요. _____ 배탈이 났어요.

2 지수는 부지런해요. _____ 지각을 하지 않을 거예요.

3 콩쥐는 착해요. _____ 팥쥐는 착하지 않아요.

4 선재는 트로피를 받았어요. _____ 검도 대회에서 우승했기 때문이에요.

5 선우는 초콜릿을 좋아해요. _____ 양치질은 싫어해요.

6 과일가게에는 자두, 포도가 있어요. _____ 키위와 바나나도 있지요.

꽃나라 여왕과 별나라 마왕의 나들이!

03 아름다롱 꾸미는 밤

언어대장, 지금 꽃나라 여왕님과 별나라 마왕님이 수리수리성에 오셨어.
오늘 밤 근사한 파티에 가신다고 머리 스타일을 바꾸러 말이야.
두 분은 모두 굉장히 화려한 걸 좋아하시지!

🦇 꽃나라 여왕님과 별나라 마왕님에게 어울리도록 머리 스타일을 완성해 주세요.

꽃나라 여왕

별나라 마왕

나도 화려한 깃털로 장식할 테니 파티에 데려가 달라냥!

언어대장, 어땠어? 꽃나라 여왕님과 별나라 마왕님 모두 만족해서 파티에 가셨다고? 그랬다면 당연히 기분 좋게 성공! **아롱다롱 마법카드** 획득!!!

꿈틀꿈틀 애벌레가 공부를?

언어대장, 이 방에는 자기 몸에 글자를 쓰며 공부하기를 좋아하는 애벌레가 살고 있어. 그래서 오늘은 애벌레 몸에 '꽁지 따기 말놀이'를 써 보려고 해. "애벌레는 통통해 ➡ 통통한 건 소시지 ➡ 소시지는 맛있어 ➡ 맛있는 건 짜장면 ➡ 짜장면은 까매 ➡ 까만 건 수박씨 …" 이렇게 말이야.

애벌레의 몸에 꽁지 따기 말놀이를 해 보세요.

시작

애벌레는

애벌레는 초록색 ➡ 초록색은 상추
➡ 상추는 싱싱해 ➡ 싱싱한 건
갓 잡은 고등어 ➡ 고등어 먹고 싶다냥.

끝

언어대장, 통통한 애벌레의 몸에 끝까지 꽁지 따기 말놀이를 잘 썼니?
그렇다면 성공! **말랑말랑 마법카드** 획득!!!

마법카드

동화 주인공 낚시

꽁냥이가 신나게 낚시를 하고 있네. 물방울에 있는 글자를 골라 주제에 해당하는 낱말이
되면 물고기에 쓰면 돼. 물고기는 모두 10마리야.

규칙 '동화 주인공' 이름을 생각하며 물방울 속 글자에 표시하고, 물고기에 낱말을 쓸 것.

주의사항 만약 물고기를 7마리 이상 잡지 못하면 물방울들이 모두 하나가 되어 우리를 공격한다. 살려 줘!

삼

콩

청

견

심청

오

직

터

쥐

라

흥

헨

라

우정의 나무를 키워 보자!

언어대장, 이 방을 통과하는 비밀 열쇠는 '우정을 키우는 말'이야. 친구와 재미있게 놀며 사이좋게 지내고 싶지만 쉽지만은 않지? 내가 참고 양보해야 할 때도 많으니까 말이야.

아래 나무의 큰 열매에는 '친구와 함께하면 즐거운 일'을 써 보고, 작은 열매에는 친구들의 이름을 써 보세요.

운동장에서 모래성 쌓기

마녀님한테 혼났을 때 옆에 있어 주는 고양이가 진짜 친구다냥.

친구와 함께하면 즐거운 일

🦇 우정을 자라게 하는 말에는 어떤 것이 있을까 생각해 보고, 나무 열매에 가득 써 보세요.

생일 축하해!

우정을
자라게 하는 말

언어대장은 친구가 어려울 때 옆에서 위로하고, 먼저 나서서 도와주기도
할 거라 믿어. 그래서 이번 미션도 성공, **토닥토닥 마법카드**도 획득!!!

마법카드

등딱지와 집게의 변신, 짜잔!

언어대장, 숲속에 빨간 등딱지에 까만 점이 있는 '무당벌레'와 사슴뿔을 닮은
큰 턱이 있는 '사슴벌레'가 많이 있네. 그런데 모습이 너무 비슷해!
알록달록 색깔도 모양도 다양한 곤충들로 숲속을 가득 채워 보자!

🦇 무당벌레의 등딱지와 사슴벌레의 집게를 색다르게 바꾸고, 어울리는 이름도 지어 주세요.

이름:

이름: 별님이

이름:

이름: 포세이돈의 삼지창

이름:

이름:

이름:

이름:

이름:

이름:

이름:

난 꼬리를 바꿔 달라냥.
토끼의 동그란 꼬리나
돼지의 꼬불꼬불한 꼬리로!!

저마다 개성 있는 모습으로 근사하게 바꿔 주고,
이름도 잘 지어 주었다면 이번 미션 성공. **꼼질꼼질 마법카드** 획득!!!

낱말 블록 쌓기

꽁냥이가 열심히 낱말 블록을 쌓고 있네. 뜻풀이가 적힌 쪽지와 낱말 블록을 같은 색으로 칠해 보자. 블록도 쌓고 낱말도 익히자.

규칙 쪽지와 낱말 블록의 색깔을 잘 맞출 것.

주의사항 만약 색깔이 틀린 게 3개 이상이면 쌓아 놓은 블록이 와르르 무너진다. **맙소사!**

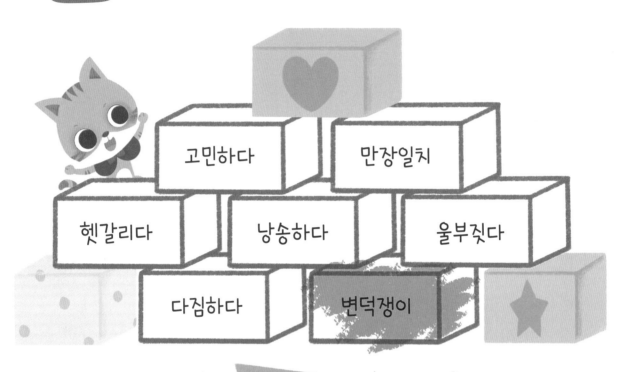

고민하다

만장일치

헷갈리다

낭송하다

울부짖다

다짐하다

변덕쟁이

이랬다저랬다 잘 변하는 사람.

마음속으로 괴로워하고 애를 태우다.

글을 읽거나 외워서 큰 소리를 내어 말하다.

여러 가지가 뒤섞여 갈피를 잡지 못하다.

감정이 격하여 마구 울면서 큰 소리를 내다.

모든 사람의 의견이 같다.

마음이나 뜻을 굳게 가다듬어 정하다.

맞춤법이 식은 죽 먹기

꽁냥이가 맞춤법은 이제 식은 죽 먹기라고 말했지만 아래 문장들을 보더니 고개를 갸우뚱거리네.
언어대장이 잘 보고, 맞는 낱말을 찾아 ○표 해 주자. 자신 있지? 물론 좀 틀려도 괜찮아.
지금 배우면 되니까!

❶ 나이나 키가 비슷한 친구를 어께동무 (어깨동무) 라고 해요.

❷ 우리 반 친구들 중에는 개구쟁이 개구장이 가 많지요.

❸ 내 짝꿍은 어울리는 옷을 잘 입는 멋쟁이 멋장이 예요.

❹ 자기만 생각하는 깍정이 깍쟁이 는 인기가 없지요.

❺ 새침때기 새침데기 랑은 친구가 되기 힘들어요.

❻ 어디에나 말썽꾼 말썽군 은 꼭 있기 마련이에요.

❼ 잠꾸러기 잠구러기 들은 매일 지각을 하지요.

❽ 화장실에 혼자 못 가는 겁쟁이 겁장이 도 있어요.

❾ 친구를 때리고 괴로피면 괴롭히면 절대 안 돼요.

❿ 힘들 때 도와주는 도화주는 친구가 진정한 친구예요.

티격태격 싸우지 마세요!

07 새록새록 생각나는 밤

언어대장, 오늘은 나와 받침 있는 낱말 게임을 해 보자. 그런데 받침이 뭐냐고? 예를 들어 '티격 태격'이란 말에서는 'ㄱ'이 받침이지. 음, 친구들끼리 티격태격 싸우면 안 되겠지? 싸웠을 때 바로 사과를 하는 건 물론이고. 알고 있다고? 자, 티격태격하지 말고 게임을 하자!

🦇 각각의 사과에 받침 'ㄱ, ㄴ, ㄹ, ㅁ'이 들어간 낱말을 3개씩 적어 보세요.

ㄱ 받침 낱말

학교

ㄴ 받침 낱말

인어

ㄹ 받침 낱말

돌고래

ㅁ 받침 낱말

감자

ㄱ, ㄴ, ㄹ ,ㅁ이 들어가는 낱말
이라고? 우럭, 연어, 갈치,
참치! 내 실력이 어떠냥.

글자도 안 틀리고 사과마다 낱말을 3개씩 적었다고? 대단해!
우리 모두 언어 실력이 쑥쑥 커가는 것을 기뻐하며 이번 게임도 성공.
새록새록 마법카드도 획득!!!

41

꽁냥이를 찾아라!

언어대장, 오늘은 나와 숨바꼭질을 해 보자. 수많은 고양이 사이에 우리 꽁냥이를 찾는 거야.
아주 비슷해서 눈을 크게 뜨고 찾아야 할 거야!

🦇 그림 속에 숨은 꽁냥이 세 마리를 찾아 보세요.

쉬엄쉬엄 쉬어 가는 밤

음식 이름 징검다리 건너기

꽁냥이는 물을 아주 싫어해. 그런데 물과 친해지고, 한글 공부도 더 열심히 하라며 꽁꽁마녀가 징검다리가 놓인 개울 놀이터를 만들었지 뭐야? 언어대장이 맞춤법에 맞는 돌 한 개에만 색칠해 줘. 그걸 따라서 꽁냥이가 개울을 잘 건널 수 있도록 말이야.

규칙

음식 이름이 바르게 쓰인 돌만 색칠해서 징검다리를 만들 것.

주의사항

틀린 글자를 밟으면 꽁냥이가 물에 빠지며 그로 인한 스트레스로 성격이 포악해질 수 있다. **안 돼!**

떡뽁이

떡볶이

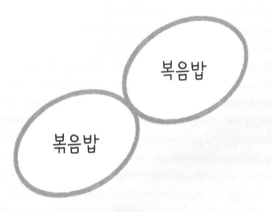

복음밥

볶음밥

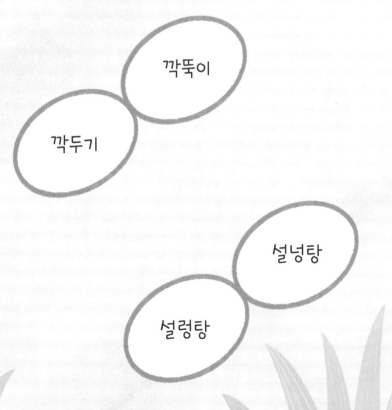

깍뚝이

깍두기

설넝탕

설렁탕

김치찌게

된장국

김치찌개

된장국

삼개탕

제육 덥밥

삼계탕

제육 덮밥

육계장

육개장

부친개

부침개

고민, 고민! 너의 이름은?

언어대장, 인디언들의 독특한 이름을 들어봤어?
'지혜로운 바람의 파수꾼, 시끄러운 돼지의 행진, 주먹 쥐고 일어서…' 정말 특별하지?
인디언들은 사람의 행동이나 모습, 생일 등을 생각해서 이름을 짓는다고 해.

🦇 언어대장과 꽁냥이, 친구들의 인디언식 이름을 지어 보고,
특징을 강조해서 그리는 그림인 '캐리커처'도 그려 보세요.

언어대장

언어대장의 캐리커처

✴ 나의 특징은?

_____

✴ 내가 지은 인디언식 이름은?

_____

꽁냥이

꽁냥이의 캐리커처

✴ 꽁냥이의 특징은?

_____

✴ 내가 지은 인디언식 이름은?

_____

친구 [　　　　　　　]

✿ 친구의 특징은?

_____

✿ 내가 지은 인디언식 이름은?

_____

친구 [　　　　　　　]

✿ 친구의 특징은?

_____

✿ 내가 지은 인디언식 이름은?

_____

음, 나의 특징은 '이쁘다,
사랑스럽다, 똑똑하다 등등등'을
기억하고 지어달라냥.

특징을 생각하며 이름 짓기, 캐리커처 그리기가 생각보다 어렵지?
꽁냥이 이름까지 지어 주느라 수고했어. 꽁냥이의 고마워하는 마음을 전하며
이번 미션 성공. **반짝반짝 마법카드** 획득!!!

마법카드

동무, 동무, 어깨동무!

언어대장, 옛날부터 전해 내려오는 노래를 '전래동요'라고 하는데 '어깨동무'라는 전래동요를 들어 본 적 있어? '동무'는 '친구'라는 뜻인데 '어깨동무'는 서로 어깨에 팔을 나란히 얹을 정도로 아주 친한 친구를 말하지.

🦇 전래동요 '어깨동무'의 노랫말을 정겹게 바꿔 보세요.

동무 동무 어깨동무	동무 동무 어깨동무
어디든지 같이 가고	_____
동무 동무 어깨동무	동무 동무 어깨동무
언제든지 같이 놀고	_____
동무 동무 어깨동무 ➡	동무 동무 어깨동무
해도 달도 따라 오고	_____
동무 동무 어깨동무	동무 동무 어깨동무
너도 나도 따라 놀고	_____

동무 동무 어깨동무,
낚시하러 같이 가자냥.
내 동무 깜냥아!

들에 콩깍지는 깐 콩깍지인가?

안 깐 콩깍지인가?

옆집 팥죽은 붉은 팥죽이고,

뒷집 콩죽은 검은 콩죽이다.

철수 책상 새 책상, 철수 책장 헌 책장,

칠수 책상 헌 책상, 칠수 책장 새 책장.

'어깨동무'라는 말처럼 노래 가사도 바꾸어 정답게 노래하고,
잰말 놀이도 크게 말해 봤어? 오늘도 열심히 연습한 언어대장,
이번 미션도 성공이야. **신통방통 마법카드** 획득!!!

원숭이 십자말풀이

꽁냥이가 끙끙거리며 십자말풀이를 하고 있네. '십자말풀이'는 바둑판 같은 바탕에 가로와 세로에 있는 문제의 답을 쓰는 낱말 퀴즈야. 답을 다 쓰면 '원숭이'를 외쳐야 해.

규칙 가로, 세로 각각 4개의 답을 모두 쓴 후 '원숭이'를 외칠 것.

주의사항 만약 '원숭이'를 외치지 못하면 1시간 동안 말을 할 수 없게 된다. 답답해!

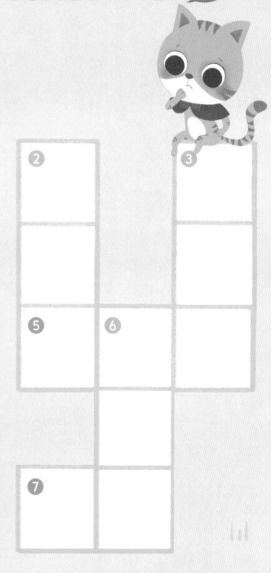

가로 도움말

❶ 과학을 전문으로 연구하는 사람.

❹ 바나나를 좋아하며 '○○○ 엉덩이는 빨개'라는 노래에 나오는 동물.

❺ 화장을 하는 데 사용하는 물품.

❼ 옛이야기에서 호랑이가 무서워한 음식으로, 감 껍질을 벗겨 꼬챙이에 꿰어서 말린 것.

세로 도움말

❶ 과일나무를 심은 밭.

❷ 실내에서 신는 신발.

❸ 연필, 공책 등 학습에 필요한 물품.

❻ 아이들이 노는 데 쓰는 놀이 도구.

문장을 연결하라!

꽁냥이의 실타래가 엉켜 버렸네. 하지만 내용에 맞게 잘 연결해 주면 금방 풀린대.
더 심하게 엉키기 전에 얼른 풀어 주자!

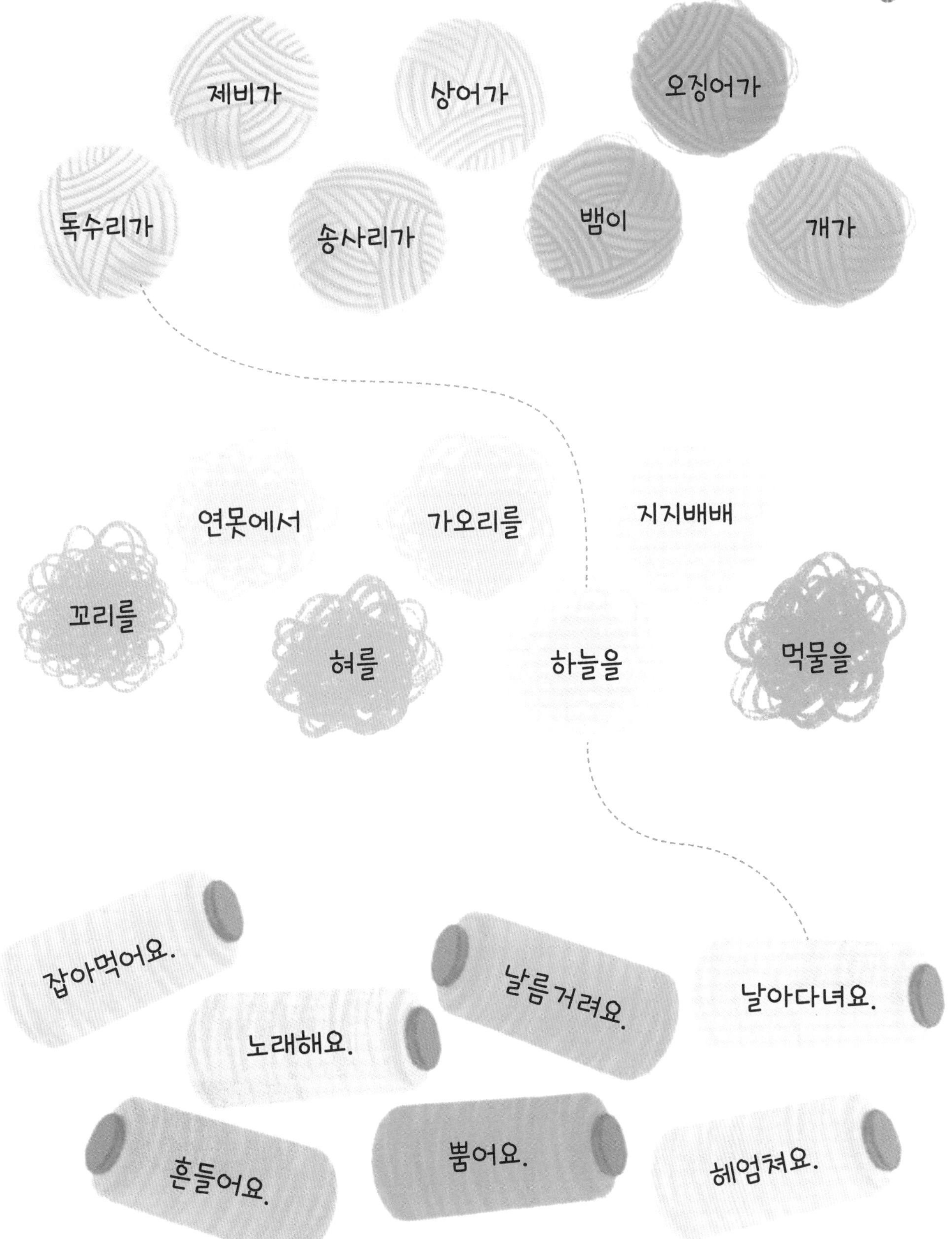

제비가

상어가

오징어가

독수리가

송사리가

뱀이

개가

연못에서

가오리를

지지배배

꼬리를

혀를

하늘을

먹물을

잡아먹어요.

노래해요.

날름거려요.

날아다녀요.

흔들어요.

뿜어요.

헤엄쳐요.

헬렌 켈러에게 물어보자!

난 위인들의 이야기 읽는 것을 아주 좋아하지. 얼마 전에 읽은 '헬렌 켈러' 이야기는 정말 감동적이어서 눈물이 났지 뭐야. 같이 읽어 볼까?

✒️ 언어대장이 헬렌 켈러를 직접 만나 궁금한 걸 묻는다면 뭐라고 대답해 주셨을까 생각하고 써 보세요.

헬렌 켈러는 두 살 때 온몸에 열이 펄펄 나고 심하게 아픈 후 눈으로 보지 못하고, 귀로 듣지도 못했으며, 입으로 말할 수도 없게 되었어요. 하지만 설리번 선생님을 만나 예절을 배우고, 말과 글을 배웠지요. 온갖 장애를 이겨 내고 씩씩하게 자란 헬렌 켈러는 책도 쓰고, 전 세계를 다니며 훌륭한 연설을 하는 등 몸이 불편한 사람도 열심히 노력하면 무엇이든 될 수 있다는 희망을 주는 사람이 되었지요.

아래는 헬렌 켈러가 쓴 『사흘만 볼 수 있다면』이란 책의 한 구절이에요.

내게 기적이 일어나 딱 3일만 세상을 보게 된다면, 첫째 날 나는 사랑하는 사람들의 얼굴을 보겠습니다. 설리번 선생님을 찾아가 손으로만 만졌던 그분의 얼굴을 오랫동안 지켜보면서 나에게 보여주신 사랑과 열정의 모습을 가슴 깊이 새겨 똑똑히 기억하겠습니다. 둘째 날은 밤이 아침으로 바뀌는 기적을 볼 것이며, 셋째 날은 거리에서 사람들이 오가는 평범한 풍경을 바라보겠습니다.

🦋 헬렌 켈러, 학교도 다니기 힘들었을 텐데 어떻게 그렇게 똑똑해졌나요?

🦋 헬렌 켈러, 당신은 눈도 안 보였는데 어떻게 책을 읽고, 쓰기까지 하셨어요?

🦋 헬렌 켈러, 우리 어린이들에게 해 주고 싶은 말은 뭔가요?

3일이 아니라 매일매일 볼 수 있는 나의 두 눈에 감사하다냥.

🦇 아래와 같은 친구를 도울 수 있는 방법을 글로 쓰거나 그림으로 그려 보세요.

걷는 것이 불편한 친구가
계단 앞에서 쩔쩔매고 있어요.

보는 것이 불편한 친구가
'활짝 핀 장미꽃'이 궁금하다고 해요.

듣는 것이 불편한 친구가
'좋은 소식을 전하는 까치 소리'가
궁금하다고 해요.

몸이 불편하거나 마음이 아픈 친구들과 언제나 서로 도우며 함께 지낼 수
있는 마음을 가지고 있는 우리 언어대장을 칭찬하며 이번 방도 통과.

무럭무럭 마법카드 획득!!!

이게 멉니까? 바꿔 주세요!

12 키득키득 상상하는 방

초록이 울창한 어느 숲에서 자기 이름에 불만이 가득한 곤충 네 마리가 만나서 회의를 했대. 누가 자기들의 이름을 잘 바꿔 줄 것인가 하고 말이야. 그러고는 수리수리성을 찾아왔어.

불만 가득한 곤충들의 이야기를 잘 듣고 어울리는 이름을 바꿔 주세요.

쇠똥구리

난 쇠똥뿐 아니라 코끼리 똥, 말똥, 사람 똥 등을 동그랗게 굴려서 구덩이에 넣어 놓고 먹지. 그래서 내가 없으면 아마 숲속은 정말 더러워질 거야. 그런데 쇠똥구리란 이름 때문에 쇠똥만 먹는 곤충처럼 보이잖아!
내 이름 바꿔 줘!

하루살이

우리 하루살이는 1년에서 3년 정도 물속에서 애벌레로 지내다가 어른이 되면 물 밖으로 나와 수컷은 짝짓기하고, 암컷은 알을 낳고 죽어. 물 밖에서는 몇 시간 살기도 하지만 며칠을 더 살기도 해. 그런데 이름 때문에 꼭 하루만 사는 것 같잖아!
내 이름 바꿔 줘!

이름:

이름:

땅강아지

난 땅을 잘 팔 수 있도록 앞다리가 넓적하고,
털이 많아 땅속에서도 털에 흙이 묻지 않으며,
크기는 작지만 날개도 있는 곤충이야.
그런데 이름에 '강아지'가 있어서 내가 땅에
붙어 사는 강아지인 줄 알잖아.
내 이름 바꿔 줘!

쥐며느리

난 갑옷 같은 등껍질이 있고, 건드리면
몸을 공처럼 둥글게 말 수도 있는 곤충이야.
그런데 옛날에 시어머니를 무서워하는 며느리처럼
내가 쥐를 무서워해서 이름을 쥐며느리라고
지었다는데, 내가 사람도 아니고
이름에 며느리가 뭐야!
내 이름 바꿔 줘!

이름:

이름:

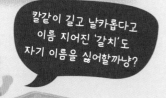

칼같이 길고 날카롭다고
이름 지어진 '갈치'도
자기 이름을 싫어할까냥?

언어대장, 고민 많이 했지? 그래도 걱정거리를 안고 온 곤충들이
만족한 얼굴로 돌아가는 모습을 보니 이번에도 멋지게 성공했네!

키득키득 마법카드 획득!!!

친구의 중요성 속담 퍼즐

꽁냥이가 갸우뚱거리며 속담 퍼즐을 맞추고 있네.
속담의 뜻에 맞게 퍼즐을 연결한 뒤 같은 색으로 칠하고, 바르게 써 보자.

예시 자기는 하고 싶지 않았는데 남에게 이끌려서 덩달아 하게 된다는 뜻.

서로 떨어질 수 없게 가깝고 필요한 관계라는 뜻.

나쁜 사람 옆에 있으면 나쁜 모습을 닮게 된다는 뜻.

내가 힘들고 어려울 때 옆에 있어 주는 친구가 좋은 친구라는 뜻.

자기와 가까운 사람에게 정이 쏠린다는 뜻.

모습이나 상황이 비슷한 친구끼리 서로 돕고 편을 들어준다는 뜻.

실력이 비슷한 사람들끼리 서로 겨룬다는 뜻.

도토리

바늘 가는 데

친구 따라

먹을 가까이하면

어려울 때 친구가

가재는

팔이

✤ **속담 바르게 써 보기** ✤

검어진다

게 편

실 간다

안으로 굽는다

진짜 친구다

강남 간다 — 친구 따라 강남 간다

키 재기

따끔하게 한마디해 주자!

언어대장, 나는 동화를 보면서 가끔 주인공들을 괴롭히는 사람이나 동물이 나오면 꼭 꿀밤을 한 대씩 때려 주고 싶었어.

🦇 아래의 동화 속 사람이나 동물에게 속이 시원하도록 한마디씩 써 주세요.

『콩쥐팥쥐』에 나오는 팥쥐에게 따끔하게 한마디해 주자!

팥쥐야, ＿＿＿＿＿＿＿＿＿＿＿＿＿＿＿＿＿＿＿＿

새엄마에게도 한마디!

새엄마, ＿＿＿＿＿＿＿＿＿＿＿＿＿＿＿＿＿＿＿＿

『해와 달이 된 오누이』에 나오는 호랑이에게 따끔하게 한마디해 주자!

호랑이야, ＿＿＿＿＿＿＿＿＿＿＿＿＿＿＿＿＿＿＿

오빠에게는 다정하게 한마디!

오빠, ＿＿＿＿＿＿＿＿＿＿＿＿＿＿＿＿＿＿＿＿＿

『미운 아기 오리』에 나오는 다른 오리들에게 따끔하게 한마디해 주자!

얘들아, ＿＿＿＿＿＿＿＿＿＿＿＿＿＿＿＿＿＿＿＿

미운 아기 오리에게는 다정하게 한마디!

아기 오리야, ＿＿＿＿＿＿＿＿＿＿＿＿＿＿＿＿＿

『인어공주』 나오는 왕자님에게도 따끔하게 한마디해 주자!

왕자님, ＿＿＿＿＿＿＿＿＿＿＿＿＿＿＿＿＿＿＿＿

인어공주에게는 다정하게 한마디!

인어공주님, ＿＿＿＿＿＿＿＿＿＿＿＿＿＿＿＿＿＿

🦇 나를 속상하게 했던 동화를 골라서 원하는 대로 내용을 고쳐 동화를 완성하고, 그림으로 그려 보세요.

✴ 동화 제목은?

_____

✴ 가장 속상했던 부분은?

_____

✴ 내가 작가가 되어 고친 내용은?

_____

✴ 그래서 결말은 어떻게 되었어?

_____

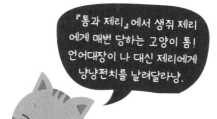

『톰과 제리』에서 생쥐 제리
에게 매번 당하는 고양이 톰!
언어대장이 나 대신 제리에게
냥냥펀치를 날려달라냥.

어때? 속이 상했을 주인공들에게 언어대장이 건넨 말이 위로가 됐을까?
그렇다면 이번 미션도 성공! **도란도란 마법카드** 획득!!!

59

나에게 필요하다고요?

언어대장, 나는 퀴즈도 아주 잘 맞힌단다. 요즘은 초성 퀴즈의 매력에 푹 빠져 있어. '초성 퀴즈'는 글자의 첫소리인 자음만을 보고 낱말을 맞히는 게임이야. 준비됐지?

'어린이가 쓰는 학용품'과 '가족에 해당하는 낱말'로 초성 퀴즈를 맞혀 보세요.

예시
| 크 | 레 | 파 | 스 |

| ㅅ | ㅋ | ㅊ | ㅂ |

| ㅈ | ㅇ | ㄱ |

| ㅇ | ㅍ |

| ㅇ | ㅂ | ㅈ |

| ㄱ | ㅊ |

| ㅎ | ㅁ | ㄴ |

| ㅇ | ㅁ |

| ㄱ | ㅁ |

| ㅅ | ㅊ |

🦇 아래는 물건의 특징을 이용한 수수께끼입니다. 알쏭달쏭 수수께끼를 풀어 보세요.

예시
비 올 때 드는 산은?
우산

밟을수록 잘 달리는 것은?
_____

남이 버리는 것만
받아 먹고 사는 것은?
_____

배가 부를수록 하늘로
올라가는 것은?
정답은 안 가르쳐
주지롱. ㅎㅎㅎ

읽을 수 없는 동화는?
_____

들어가는 문은 하나인데,
나오는 문은 두 개인 것은?
_____

다리가 네 개나 있어도
걷지 못하는 것은?
_____

다리로 올라갔다가
엉덩이로 내려오는 것은?
_____

수학책을 난로 위에
놓으면 무엇이 될까?
_____

어때? 생각이 날 듯 말 듯 아리송했지? 초성 퀴즈와 수수께끼
모두 즐겁게 풀었다면 성공. **알쏭달쏭 마법카드** 획득!!!

꽁냥이의 일기 쓰기

꽁냥이의 오늘 일기야. 그런데 맞춤법을 많이 틀렸네.
언어대장이 틀린 부분을 고쳐 주자!

5 월 15 일   날씨: 내 마음처럼 잔뜩 흐린 하늘

아침에 일어나 보니 내가 오줌을 쌌다. 세상에 이런 일이!
          (   )

꽁꽁마녀님이 옆집 깜냥이한테 말할까 바 너무 걱정이 됐다.
              (   )

그래서 물 마시다가 쏟았다고 말했다.
              (   )

마녀님은 오줌 싼 것보다 거짓말이 더 나쁘다며 무릅 꿇고 손드는 벌을 세웠다.
                                          (   )

오후에는 줄넘기 연습을 했는데 그만 줄에 걸려 너머졌다.
                              (   )

그런데 운이 납쁘게도 나를 놀리기 좋아하는 깜냥이가 이 모습을 본 것이다.
          (   )

쥐구멍에라도 숨고 싶은 그 순간 깜냥이가 소리쳤다. "줄넘기도 못하는 바보!"
          (   )

입을 삐쭉거리다가 나도 모르게 눈물이 쏟아졌다.
                              (   )

친구들이 옆에서 위로해 주었지만 더 서럽어서 펑펑 울었다.
                      (   )

다음번에 만나면 깜냥이에게 반듯이 복수하겠다. 하느님도 용서하시겠지!
              (   )

문장 만들기가 식은 죽 먹기

꽁냥이가 '쓰기 놀이터'에서 글씨를 많이 써서 팔이 아프다며 투덜거리네.
꽁냥이가 쓴 〈보기〉를 보고 순서에 상관없이 두 개의 낱말을 사용해서 문장을 완성하는 거야.
언어대장이 잘 써 줘 봐!

보기

원숭이 　 핸드폰 　 ➡ 원숭이가 망가진 핸드폰을 고치고 있다.

토끼 　 호랑이 　 ➡

여우 　 색연필 　 ➡

기차 　 손님 　 ➡

비행기 　 딱지 　 ➡

컴퓨터 　 김치 　 ➡

세탁기 　 연필 　 ➡

멋진 내 친구들을 보내 주세요!

15 두근두근 도전하는 방

언어대장, 드디어 마지막 방에 도착했구나! 지금부터 '친구'가 왜 꼭 필요한지
나를 설득해 보렴!

🦇 '친구' 하면 떠오르는 것을 자유롭게 적어 보세요.

맛있는 걸 꼭 참고
친구에게 양보하면
친해질 수 있다냥.

함께 하고
싶은 것

이름

친구

듣고 싶은 말

친구 사귀는
방법

듣기 싫은 말

 '친구'를 주제로 동시를 짓고, 어울리는 그림도 멋지게 그려 보세요.

친구가 없다면 정말 외롭고 슬플 것 같아. 친구에 대한 마음을 담아서
동시를 썼다면 마지막 미션도 성공. **두근두근 마법카드**까지 획득!!!

친구들을 인간 세상으로 보내요!

축하한다, 언어대장! 열다섯 장의 마법카드를 모았으니, '열려라 뚝딱 열쇠'를 얻을 수 있어.
문을 열어 친구들을 집으로 보내 줘! 이제 '책'이 있는 2층에서 만나자.

🦇 미션을 마친 기분과 친구들에게 하고 싶은 말을 적어 주세요.

언어대장 친구들아,
집에 돌아간다고? 잉잉…
나랑 수리수리성에서
같이 놀자냥!

친구들은 수고한 언어대장에게 어떤 이야기를 해 주었을까요? 자유롭게 적어 보세요.

책을
구하라!

차림표에서 고를까요?

언어대장, 드디어 2층으로 올라왔네! 여기서는 좋아하는 음식들을 생각하며 '음식 차림표'를 만들어 보자! 누구든지 원하는 음식을 고를 수 있게 다양하면서도 선택하기 좋도록 말이야.

🦇 먹고 싶은 마음이 들도록 음식 이름, 맛, 가격을 적은 '음식 차림표'를 만들어 보세요.

차 림 표

음식 이름	맛	가격
불 고 기 ……(	달콤한 맛)……	이만 원
……(	)……	원
……(	)……	원
……(	)……	원
……(	)……	원
……(	)……	원
……(	)……	원
……(	)……	원

'음식 차림표'에서 골라 지금 먹고 싶은 음식을 접시 위에 그리고, 우리의 혀는 어떤 다양한 맛을 느끼는지 식탁에 가득 적어 보세요.

시큼한 맛, 떫은 맛, 알싸한 맛, 짭조름한 맛, 내가 좋아하는 생선의 비린 맛!!

달콤한 맛

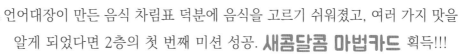

언어대장이 만든 음식 차림표 덕분에 음식을 고르기 쉬워졌고, 여러 가지 맛을 알게 되었다면 2층의 첫 번째 미션 성공. **새콤달콤 마법카드** 획득!!!

앞뒤가 똑같은 낱말 잇기로 칙칙폭폭!

언어대장, 여기서는 '앞뒤가 똑같은 낱말 잇기'로 기차를 연결해 봐! 낱말의 앞뒤가 똑같으려면 일단 '토마토'처럼 3글자이어야 하고, 시작하는 글자와 끝나는 글자가 똑같아야 하지. '아시아 ➡ 스위스 ➡ 마그마 ➡ 별똥별 ➡ …' 이렇게 말이야.

기차의 몸통에는 글씨를 적고, 위쪽은 그림으로 표현해서 앞뒤가 똑같은 낱말 잇기를 해 보세요.

맷돌을 마술병에 쏙!

꽁냥이가 마술 놀이터에서 놀다가 그만 마술병 뚜껑이 열려서 모두 섞여 버렸지 뭐야?
병에 쓰여 있는 이름대로 마술 약들을 넣어 줘야만 해. 마술 약을 화살표로 병 입구까지
그려주면 저절로 들어간대.

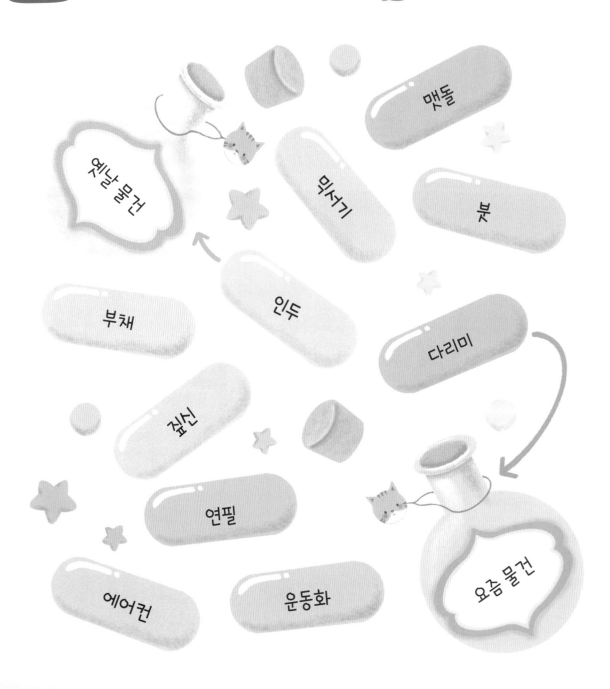

세는 말을 찾아라!

꽁냥이가 뒤죽박죽 마법 책을 보고 있네. 아래 문장에는 무엇을 세는 단위 낱말이 빠졌어.
뒤죽박죽 마법 책에서 찾아 써 보자!

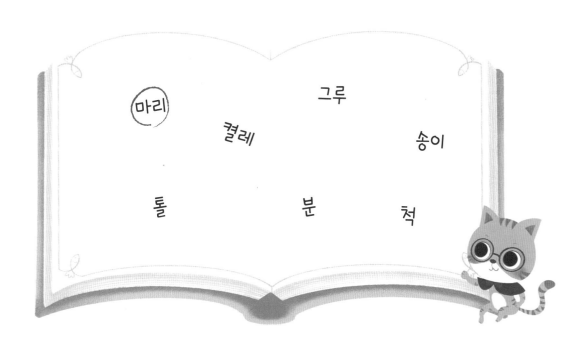

예시   햄스터 한 <u>마리</u> 가 쳇바퀴를 열심히 돌리고 있어요.

1 도서관 앞마당에는 은행나무가 다섯 _____ 있어요.

2 현관에 리본 달린 신발 한 _____ 가 가지런히 놓여 있어요.

3 이모는 빨간 장미 스무 _____ 를 선물로 받아 행복하대요.

4 농부 아저씨의 수고를 생각해서 밥 한 _____ 도 남기면 안 돼요.

5 할머니 두 _____ 이 공원 의자에 앉아 말씀을 나누고 계세요.

6 저 멀리 푸른 바다에 돛단배 세 _____ 이 떠 있어요.

75

이 세상 하나뿐인 나의 책!

03
아롱다롱 꾸미는 방

언어대장은 어떤 생각을 제일 많이 해? 맛있는 음식 생각?
아니면 재미난 게임 생각? 오늘은 나의 머릿속을 들여다보는
'뇌 구조 그림'을 그리고, 그 이야기를 담을 책도 꾸며 보자!

🦇 요즘 무슨 생각을 하고 있는지 '뇌 구조 그림'을 그려 보세요.
   큰 공간부터 많이 하는 생각으로 채워 가세요.

⭐ 요즘 제일 재미있는
   일은 뭐야?

⭐ 제일 하기 싫은 건 뭐지?

⭐ 나를 위해서 꼭 해야만
   한다고 생각하는 건?

신선한
생선

한글

옆집 깜냥이
생각

나의 이야기를 담을 이 세상에 하나뿐인 나만의 책 표지를 그려 보세요.

★ 책 제목은? _____

★ 어떤 내용을 담을 거야? _____

★ 이 책을 누가 읽으면 좋을까? _____

 오늘은 책 표지를 그렸지만, 그 안의 내용은 앞으로 차근차근
채워 가기로 약속! 언어대장을 응원하며 이번 미션도 성공.
아롱다롱 마법카드 획득!!!

네 마음을 보여 줘!

언어대장, '주고받는 말놀이'를 알아? 묻고 답하면서 말을 주고받는
놀이야. 예를 들면 "하나는 뭐니? 빗자루 하나. 둘은 뭐니?
안경알 두 알." 이렇게 말이야.

🦇 '마음'에 대해 묻는 질문에 나의 생각을 쓰고, 얼굴 표정도 그려 보세요.

⭐ '감격하다'는 뭐니?

마녀 학교 '독서 퀴즈 대회'에서

1등 했을 때 드는 마음.

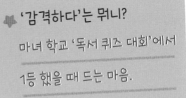

⭐ '허전하다'는 뭐니?

수리수리성에 아무도 없고

혼자 있을 때 드는 마음.

⭐ '그립다'는 뭐니?

⭐ '두렵다'는 뭐니?

⭐ '불쾌하다'는 뭐니?

✿ '뿌듯하다'는 뭐니?

_____

_____

✿ '설레다'는 뭐니?

_____

_____

✿ '억울하다'는 뭐니?

_____

_____

'감격하다'는 마녀님이 나를 위해 낚시해서 참치를 잡아오셨을 때다냥.

✿ '조마조마하다'는 뭐니?

_____

_____

✿ '질투하다'는 뭐니?

_____

_____

언어대장, 마음을 글과 그림으로 표현하는 건 정말 어려운 일인데, 솔직하게 잘 표현했다면 이번 미션 대성공. **말랑말랑 마법카드** 획득!!!

마법카드

꽃 이름 낚시

꽁냥이가 신나게 낚시를 하고 있네. 물방울에 있는 글자를 골라 주제에 해당하는 낱말이 되면 물고기에 쓰면 돼. 물고기는 모두 10마리야.

규칙 '꽃' 이름을 생각하며 물방울 속 글자에 표시하고, 물고기에 낱말을 쓸 것.

주의사항 만약 물고기를 7마리 이상 잡지 못하면 물방울들이 모두 하나가 되어 우리를 공격한다. 살려 줘!

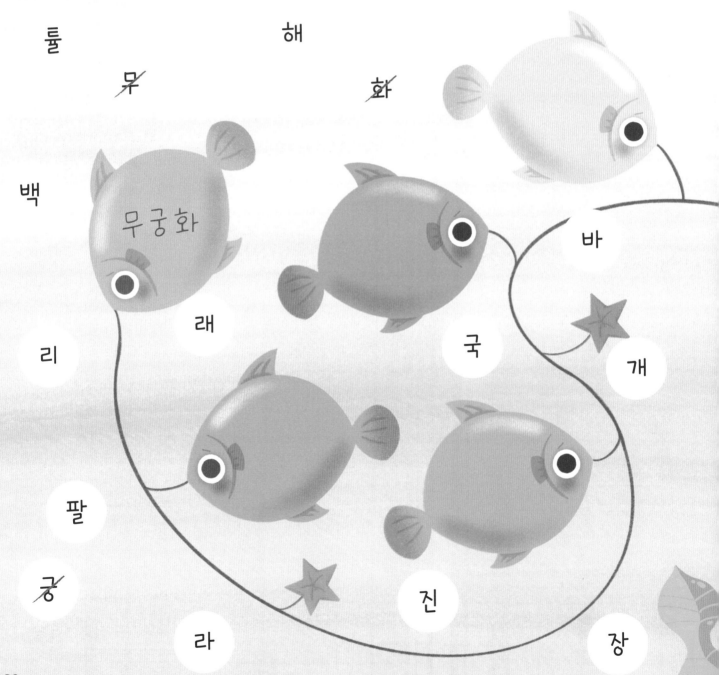

틀
해
무
화
백
무궁화
바
리
래
국
개
팔
궁
진
라
장

80

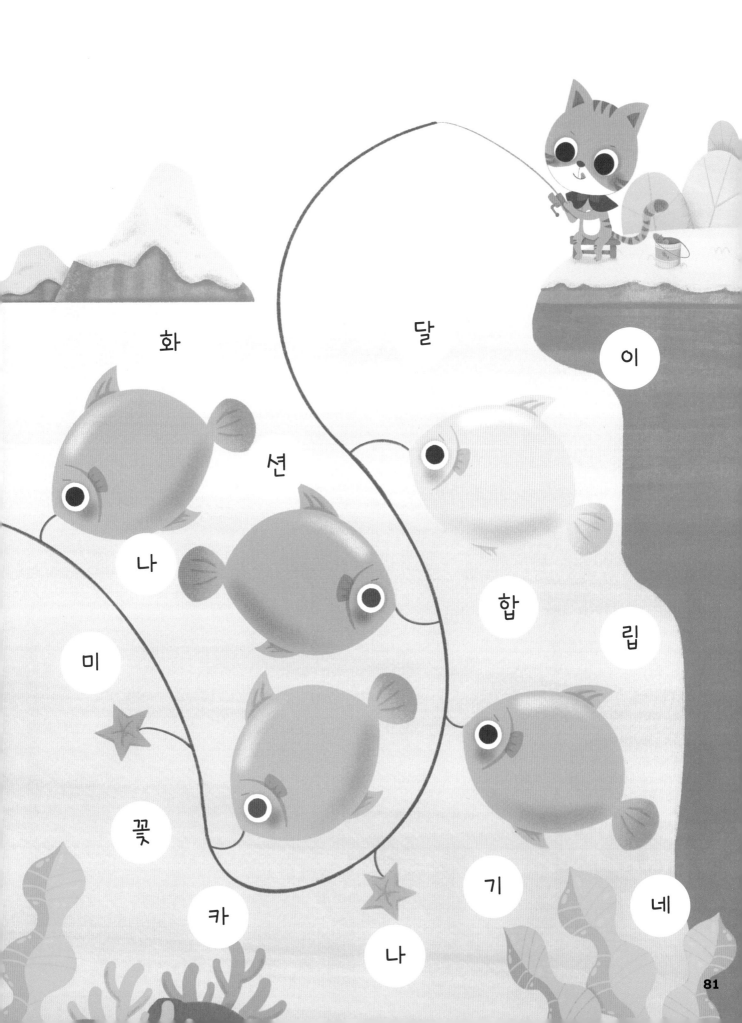

화

달

이

션

나

합

립

미

꽃

카

기

네

나

씩씩한 주인공들을 칭찬한다!

언어대장, 난 책을 읽으면서 씩씩하게 살아가거나 슬기롭게 문제를 해결해 나가는 주인공들을 만나면 꼭 칭찬해 주고 싶었어. 그래서 오늘은 동화 속에 칭찬받아 마땅한 주인공들을 찾아서 내 마음을 전하자!

🦇 동화 속에서 칭찬할 인물을 찾아 칭찬카드를 쓰고, 크게 기뻐할 만한 선물도 그려 주세요.

『백조왕자』속 아름다운 엘리사 공주에게

너는 저주의 마법에 걸린 오빠들 열한 명의 마법을 풀기 위해 쐐기풀에 손을

찔려 가면서도 옷을 짰지. 게다가 나쁜 마녀라는 누명까지 쓰고 말이야.

그래도 끝까지 옷을 짜다니 정말 대단해.

용감하고, 참을성 있는 엘리사 공주를 나는 정말 칭찬한다!

선물은 결혼식 때 입을 드레스야.

에게

나는 주인을 부자로 만들어 준 『장화신은 고양이』의 고양이를 칭찬한다냥.

82

_____에게

_____에게

실제로 살아 있는 사람은 아니지만 그래도 칭찬하는 카드도 쓰고,
선물을 주는 일은 정말 행복하지? 이번 미션도 멋지게 성공.
토닥토닥 마법카드도 획득!!!

83

여우비가 내려요!

06 꼼질꼼질 그리는 밤

언어대장, 조금 전에 여우비가 내린 거 봤어? 여우가 어떻게 비가 됐냐고?
하하! '여우비'란 해가 나오는 맑은 날에 아주 잠깐 오다 그치는 비를 말하는 거야.
그렇다면 오늘은 여러 종류의 비와 그 종류만큼이나 다양하고 예쁜 비 이름에 대해서 알려 줄게.

🦇 비에 대한 설명을 읽은 후 내용에 맞게 떨어지는 빗방울을 우산 위에 그려 보세요.

색시비

새색시처럼 소리 없이
수줍게 내리는 비.

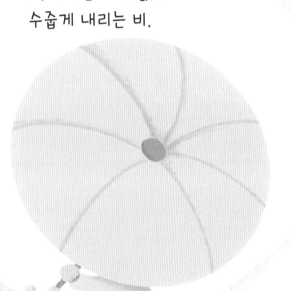

도둑비

밤에 몰래 살짝 내리는 비.

우레비

번개가 치면서 내리는 비.

작달비

장대처럼 굵고 거세게
좍좍 쏟아지는 비.

떡비, 술비, 꿀비는
하늘에서 내리는 비가 맞고요,
갈비, 나비, 잔나비는
비가 아니다냥.

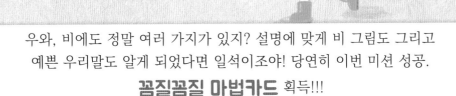

우와, 비에도 정말 여러 가지가 있지? 설명에 맞게 비 그림도 그리고
예쁜 우리말도 알게 되었다면 일석이조야! 당연히 이번 미션 성공.
꼼질꼼질 마법카드 획득!!!

낱말 블록 쌓기

꽁냥이가 열심히 낱말 블록을 쌓고 있네. 뜻풀이가 적힌 쪽지와 낱말 블록을
같은 색으로 칠해 보자. 블록도 쌓고 낱말도 익히자.

규칙 쪽지와 낱말 블록의 색깔을 잘 맞출 것.

주의사항 만약 색깔이 틀린 게 3개 이상이면 쌓아 놓은 블록이 와르르 무너진다. **맙소사!**

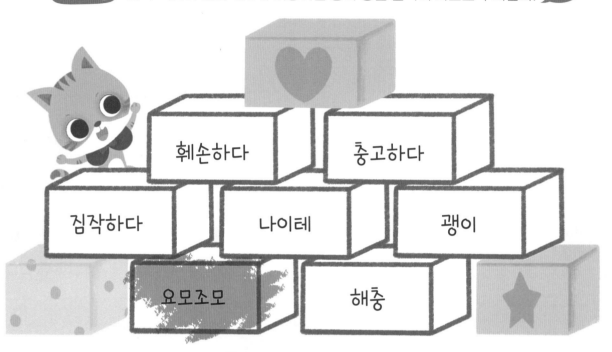

휘손하다 충고하다

짐작하다 나이테 괭이

요모조모 해충

망가지거나
깨뜨려 못 쓰게
만들다.

정확하지 않지만
사정이나 형편을
생각하다.

사물의
이런저런 면.

땅을 파거나
흙을 평평하게
하는 데 쓰는 기구.

다른 사람의
잘못이나 결함을
진심으로
타이르다.

사람들에게
해를 끼치는
벌레.

나무의 줄기를
가로로 자른 면에
보이는 둥근 줄로,
일 년에 하나씩
생기는 것.

맞춤법이 식은 죽 먹기

꽁냥이가 맞춤법은 이제 식은 죽 먹기라고 말했지만 아래 문장들을 보더니 고개를 갸우뚱거리네.
언어대장이 잘 보고, 맞는 낱말을 찾아 ○표 해주자. 자신 있지? 물론 좀 틀려도 괜찮아.
지금 배우면 되니까!

❶ 학교에서 반드시 반듯이 지켜야 할 일!

❷ 교실에서는 소리 질르지 지르지 말자.

❸ 엉덩이를 의자 깊숙히 넣고 허리를 펴고 앉자 안자 .

❹ 어른들께는 예의 바르게 에의 바르게 인사하자.

❺ 복도에서는 오른쪼그로 오른쪽으로 다니자.

❻ 계단은 한 칸씩 한 간씩 오르내리자.

❼ 화장실에서는 차례차례 차레차레 질서를 지키자.

❽ 급식실에서 뛰어댕기지 뛰어다니지 말자.

❾ 도서실에서는 조용이 조용히 책을 읽자.

❿ 쓰레기를 함부로 함부러 버리지 말자.

뒤죽박죽 숫자의 나들이!

하나, 둘, 셋, 넷! 번호 맞춰 앞으로 가! 하하하! 오늘은 우리 숫자들과 나들이를 가자.
그럼 신나게 떠나 볼까? 출발!

✏ 0부터 9까지 숫자와 기호를 이용하여 재미난 그림을 그려 보세요.

아, 재미있어! 우리, 숫자 100까지 그림으로 꾸며 볼까?
머릿속에서 새록새록 생각이 막 떠오르는데 말이야.
이번 미션도 성공이야. **새록새록 마법카드**도 획득!!!

다른 그림을 찾아라!

언어대장, 오늘은 나와 다른 그림 찾기를 해 보자. 양쪽 그림이 똑같아 보인다고?
아냐, 다른 곳이 있어. 눈 크게 뜨고 찾아 봐!

🦇 왼쪽과 오른쪽의 그림에서 다른 부분 다섯 곳을 찾아 보세요.

동물 이름 징검다리 건너기

꽁냥이는 물을 아주 싫어해. 그런데 물과 친해지고, 한글 공부도 더 열심히 하라며 꽁꽁마녀가 징검다리가 놓인 개울 놀이 터를 만들었지 뭐야? 언어대장이 맞춤법 에 맞는 돌 한 개에만 색칠해 줘. 그걸 따 라서 꽁냥이가 개울을 잘 건널 수 있도록 말이야.

규칙

동물 이름이 바르게 쓰인 돌만 색칠해서 징검다리를 만들 것.

주의사항

틀린 글자를 밟으면 꽁냥이가 물에 빠지며 그로 인한 스트레스로 성격이 포악해질 수 있다. **안 돼!**

달펭이

달팽이

애벌래

애벌레

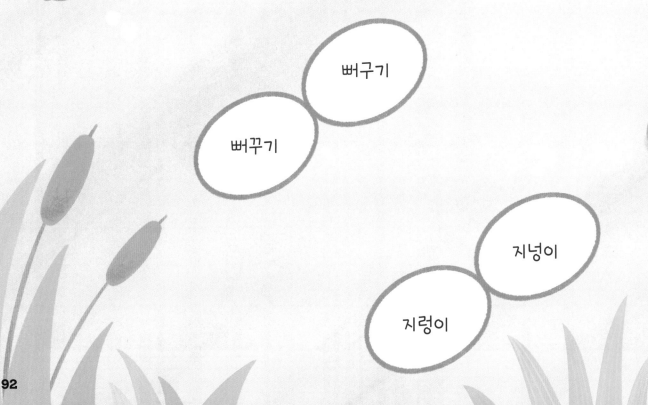

뻐구기

뻐꾸기

지넝이

지렁이

다람지

도마벰

다람쥐

도마뱀

박지

암닭

박쥐

암탉

팽긴

펭귄

갈메기

갈매기

왁자지껄한 시장으로 바꿔 보자!

나는 오늘 슝슝빗자루를 타고 인간 세상을 둘러봤어. 그런데 왁자지껄해야 할 시장이 너무 조용한 거야. 왜 그럴까 고민해 봤지. 그 이유는 간판이 재미없게 '○○가게'라고만 쓰여 있으니 손님들이 그냥 가 버리는 거였어. 언어대장이 바꿀 수 있겠지?

🦇 물건이 아주 잘 팔릴 수 있도록 가게 이름을 짓고 어울리는 간판도 만들어 주세요.

간판을 바꾸는 것 말고도, 손님들로 북적거리는 시장을 만들 수 있는 방법을 써 보세요.

_____

_____

_____

지나가는 손님들에게
싱싱한 생선을 한 마리씩
주는 건 어떠냥?

언어대장이 고민한 방법들을 가게 주인들에게 알려 주면 정말로
고마워할 것 같아. 수고 많았어. 이번 미션도 훌륭하게 성공.

반짝반짝 마법카드 획득!!!

비야, 비야, 오지 마라!

신통방통 표현하는 밤

언어대장, '비야, 비야, 오지 마라'라는 전래동요를 들어봤어? 옛날에는 여자가 결혼하는 것을 '시집(남편이 사는 집)간다.'라고 했어. 결혼식 날에는 얼굴에 연지 곤지 찍고, 다홍(=빨간) 치마를 입었지. 결혼식이 끝나면 가마를 타고 시집으로 갔대. 언어대장은 가사를 읽어 보니 어떤 기분이 들어? 어쨌든 비가 오지 않기를 바라는 간절한 마음에서 부른 노래야.

🦇 비가 오지 않았으면 하는 날이 있지요? 가사에서 '비야 비야 오지 마라' 다음에 이어지는
   가사를 바꿔 보세요.

비야 비야 오지 마라 **장마 비야 오지 마라**

비야 비야 오지 마라 **우리 언니 시집간다**

비야 비야 오지 마라 **가마 문에 얼룩진다**

비야 비야 오지 마라 **다홍 치마 얼룩진다**

연지 곤지 예쁜 얼굴 빗물로 다 젖는다

⬇

비야 비야 오지 마라

비야 비야 오지 마라

비야 비야 오지 마라

비야 비야 오지 마라

비야 비야 오지 마라,
옆집 깜냥이랑 소풍
가야 한다냥.

'꼬부랑 할머니' 노래 가사에 맞도록 재미나게 배경 그림을 그려 보세요.

꼬부랑 할머니가

꼬부랑 지팡이를 짚고

꼬부랑 고개를 넘어가다가

꼬부랑 똥이 마려워

꼬부랑 뒷간에

꼬부랑 똥을 누어

꼬부랑 강아지가 들어오다가

꼬부랑 지팡이로 때렸더니

꼬부랑 깽깽 꼬부랑 깽깽

전래동요의 가사를 바꾸고, 배경 그림도 그렸는데 마음에 들어?
네 마음에 든다면 당연히 최고지! 이번 미션도 성공.
신통방통 마법카드 획득!!!

비둘기 십자말풀이

꽁냥이가 끙끙거리며 십자말풀이를 하고 있네. '십자말풀이'는 바둑판 같은 바탕에 가로와 세로에 있는 문제의 답을 쓰는 낱말 퀴즈야. 답을 다 쓰면 '비둘기'를 외쳐야 해.

규칙 가로, 세로 각각 4개의 답을 모두 쓴 후 '비둘기'를 외칠 것.

주의사항 만약 '비둘기'를 외치지 못하면 1시간 동안 말을 할 수 없게 된다. 답답해!

가로 도움말

① 빨강, 노랑, 초록 신호로 차와 사람의 안전을 위해 설치한 기구.

④ 국을 뜨는데 쓰는 긴 자루가 달린 기구.

⑥ 평화를 상징하는 새.

⑧ 귀에 거는 장신구.

세로 도움말

② 날개의 무늬가 호랑이를 닮은 나비.

③ 나라를 사랑하는 마음으로 온 국민이 부르는 노래.

⑤ 사람이 타고 앉아 두 다리로 바퀴를 돌려서 가는 탈것.

⑦ 아기들의 똥오줌을 받아 내기 위해 다리 사이에 채우는 물건.

예쁜 우리말 퀴즈

꽁냥이가 퀴즈를 풀며 점점 한글 박사님이 되고 있네. 오늘은 예쁜 우리말을 알아보자.
사다리를 타고 내려가면 우리가 쓰는 말과 연결되어 있어.

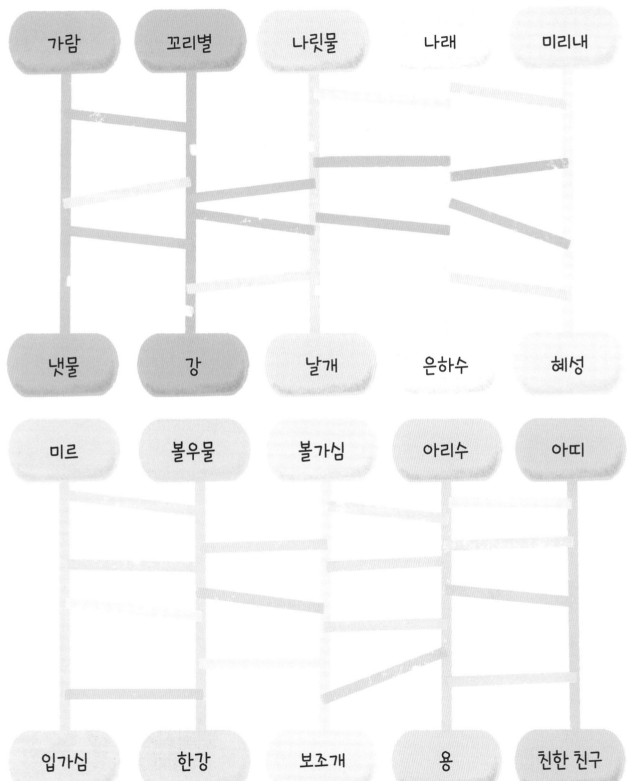

가람	꼬리별	나릿물	나래	미리내

냇물	강	날개	은하수	혜성

미르	볼우물	볼가심	아리수	아띠

입가심	한강	보조개	용	친한 친구

안데르센에게 물어보자!

『인어공주』, 『엄지공주』, 『벌거벗은 임금님』, 『성냥팔이 소녀』…. 모두 우리가 아기 때부터 들어온 이야기들이지? 이 이야기들을 모두 덴마크의 '안데르센'이라는 작가님이 썼대. 알고 있었어?

🦇 안데르센이 왜 작가가 되었는지 아래 글을 읽어 보세요. 그리고 직접 만나 궁금한 걸 묻는다면 뭐라고 대답해 주셨을까 생각하고 써 보세요.

　　안데르센의 집은 매우 가난했어요. 하지만 고운 목소리와 연극배우처럼 감정을 넣어서 시를 읽을 수 있어서 부잣집에 다니며 노래를 하고 시를 읽으며 돈을 벌었지요. 청년이 된 안데르센은 유명한 배우가 되기 위해 큰 도시로 나가 열심히 극장을 찾아다녔어요. 하지만 어느 곳에서도 안데르센을 받아주지 않았어요. 어른이 되는 과정에서 목소리가 변하는 변성기가 와서 더이상 고운 목소리가 나오지 않았기 때문이에요. 게다가 안데르센은 너무 마르고, 얼굴도 못생겼거든요. 그렇지만 안데르센은 좌절하지 않고, 오히려 연극배우가 아닌 '작가'가 되기 위해 늦은 나이지만 학교에 들어가 열심히 공부했어요. 그 후 죽을 때까지 좋은 동화를 많이 남겼지요.

　　"나는 어렸을 때 가난하고 못생긴 아이여서 친구들로부터 놀림을 받았기 때문에 『미운 아기 오리』나 『성냥팔이 소녀』 동화 등을 쓸 수 있었답니다. 그러니까 내가 겪은 고통은 오히려 나에게 진정한 축복이었다고 말할 수 있겠지요. 어린이 여러분, 아무리 높고 힘들어 보여도 우리가 도달하지 못할 곳은 없답니다. 그러니 자신을 믿고 한 걸음씩 차분히 올라가세요. 그러다 보면 우리는 어느 순간 꼭대기에 서 있을 것입니다."　　　　　　－ 한스 크리스티안 안데르센－

🌸 안데르센, 연극배우가 되지 못해 실망하지는 않았나요?

＿＿＿＿＿＿＿＿＿＿＿＿＿＿＿＿＿＿＿＿＿＿＿＿＿＿＿＿＿

🌸 안데르센, 『미운 아기 오리』로 우리에게 어떤 말을 하고 싶었나요?

＿＿＿＿＿＿＿＿＿＿＿＿＿＿＿＿＿＿＿＿＿＿＿＿＿＿＿＿＿

🌸 안데르센, '작가'라는 직업의 매력은 무엇인가요?

＿＿＿＿＿＿＿＿＿＿＿＿＿＿＿＿＿＿＿＿＿＿＿＿＿＿＿＿＿

왕자님, 나빠! 나는 『인어공주』 동화를 들을 때마다 슬퍼서 운다냥.

✓ 안데르센처럼 '작가'가 된 내 모습을 그려 보세요.

✿ 최근에 가장 감명 깊게 읽은 동화책은 뭐야?

_____

✿ 언어대장은 어떤 동화를 써 보고 싶어?

_____

✿ 작가가 되기 위해서는 지금부터 어떤 노력을 해야 할까?

_____

_____

'작가'라는 직업도 아주 멋지지! 멋진 작품을 쓰는 작가도 될 수 있는
언어대장을 응원하면서 이번 방도 통과! **무럭무럭 마법카드** 획득!!!

공룡책 속으로, 슝!

언어대장, 우리 책 속으로 여행을 떠나 볼까? 그 중에서도 오늘은 공룡책 속으로 들어가 보자!

다음 동시를 읽고, 동시에 어울리도록 다양한 모습의 공룡을 잔뜩 그려 주세요.

공룡이 좋아요

나는 공룡이 좋아요, 참말 좋아요!

무서운 이빨의 티라노사우루스

기린보다 목이 긴 브라키오사우루스

등에 뿔 난 트리케라톱스

하늘을 날아다닌 프레라노돈

나는 공룡이 좋아요, 참말 좋아요!

★ 어떤 공룡이 제일 마음에 들어? _____

　이유는? _____

★ 어떤 공룡이 제일 불쌍해 보여? _____

　이유는? _____

★ 우리 집에서 키울 수 있다면 어떤 공룡을 데려갈래? _____

　이유는? _____

꽁꽁마녀님, 우리 집에는 무서운 이빨공룡을 데려가자냥!

지금은 공룡이 사라졌지만 책으로라도 볼 수 있으니 정말 다행이야!
역시 책은 우리의 사랑이야. 책을 좋아하는 언어대장의 이번 미션도 성공.
키득키득 마법카드도 획득!!!

배움의 중요성 속담 퍼즐

꽁냥이가 갸우뚱거리며 속담 퍼즐을 맞추고 있네.
속담의 뜻에 맞게 퍼즐을 연결한 뒤 같은 색으로 칠하고, 바르게 써 보자.

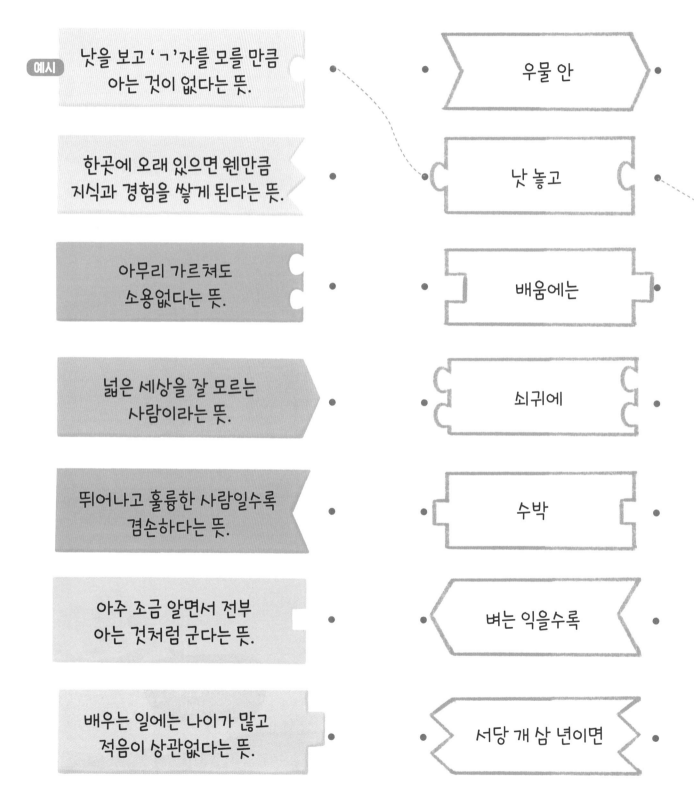

예시 낫을 보고 'ㄱ'자를 모를 만큼 아는 것이 없다는 뜻.

우물 안

한곳에 오래 있으면 웬만큼 지식과 경험을 쌓게 된다는 뜻.

낫 놓고

아무리 가르쳐도 소용없다는 뜻.

배움에는

넓은 세상을 잘 모르는 사람이라는 뜻.

쇠귀에

뛰어나고 훌륭한 사람일수록 겸손하다는 뜻.

수박

아주 조금 알면서 전부 아는 것처럼 군다는 뜻.

벼는 익을수록

배우는 일에는 나이가 많고 적음이 상관없다는 뜻.

서당 개 삼 년이면

✽ 속담 바르게 써 보기 ✽

경 읽기

고개를 숙인다

기역 자도 모른다 　　　　낫 놓고 기역 자도 모른다

풍월을 읊는다

겉 핥기

나이가 없다

개구리

옛날 옛적, 갓날 갓적에!

언어대장, 아주 옛날 할아버지 할머니 때부터 전해 내려온 이야기 중에서 아주 짧지만
배꼽을 잡을 만큼 웃긴 이야기가 있어. 함께 읽어 볼까?

☑ 옛날 옛적, 갓날 갓적부터 전해 내려온 짧은 전래동화를 재미나게 읽어 보세요.

어쩌면 좋냐

부잣집 머슴이 소를 몰고 꼴*을 베러 갔다. 이날따라
날은 저무는데 별안간 천둥이 '우르릉 쾅쾅' 하더니,
소나기가 쏟아진다. 그런가 하면 소는 뛰어 달아나고
꼴지게는 쓰러지려 하고, 머슴은 게다가 똥까지 마렵다.
어쩌면 좋냐!

★꼴: 소나 말에게 먹이는 풀.

옥순이네와 찍순이네

옛날 어느 깊은 산골에 초가집이 두 채 있었는데,
앞집에는 옥순이네가, 뒷집에는 찍순이네가 살고 있었다.
어느 날 이곳에 비가 내리기 시작했다. 며칠 동안
쉬지 않고 비는 계속 내렸다. 그러자 옥순이네 집은
오그락 오그락하며 오그라지고, 찍순이네 집은 찌그락
찌그락하며 찌그러졌다. (그렇다면 빡순이네 집은?
당연히 빠그락 빠그락하며 빠그라졌겠지.)

코 없는 할아버지와 입 째진 할머니

옛날 옛날, 어느 마을에 입이 쫙 찢어진 할머니와 코가 없는 할아버지가 살고 있었다.

하루는 마을에 잔치가 있어서 그 집에 가게 되었는데, 입이 찢어진 할머니는 입을 실로 꿰매고, 코가 없는 할아버지는 양초로 코를 만들어 달고 갔다.

잔칫집에 간 할아버지와 할머니가 아궁이 앞에서 불을 쬐자 양초로 만든 할아버지의 코가 녹아내렸다. 이것을 옆에서 보고 있던 할머니는 너무나 우스워 '하하하' 웃다가 그만 실로 입을 꿰맨 것이 도로 째지고 말았다.

바우 영감

옛날에 바우 영감이
고개를 넘다가
고개를 다쳐서
고약을 발랐더니
고대로 낫더라. 끝!

어때? 웃음이 나오는 이야기들이지? 감정을 넣어 가면서 잘 읽었다면
이번 미션도 성공, **도란도란 마법카드** 획득!!!

읽을 수 없는 동화가 있다고?

언어대장, 우리 집으로 이상한 동화책 10권이 배달 왔어. 그런데 제목을 알 수 없어 답답해.
앞쪽 글자는 초성만 있고, 마지막 글자만 제대로야. 도대체 이게 무슨 책이지?

🦇 초성으로 이루어진 동화책 제목을 맞혀서 제대로 써 보세요.

예시

엄	지	공	주

ㅃ	ㄱ	ㅂ	ㅊ
ㅍ	ㄹ	ㅂ	채

ㄱ	ㅇ	ㅇ
ㅈ	녀	

ㅍ	ㅌ	팬

ㅎ	ㅂ	ㄹ	ㅇ	감

ㅋ	ㅈ
ㅍ	쥐

ㅃ	ㄱ	ㅁ	자

ㅎ	ㅂ	ㄴ	부

저런 동화책을
어찌 읽을 수 있다냥!

ㅎ	ㅈ	ㄱ
ㄱ	ㄹ	텔

ㅂ	ㄹ	ㅁ
ㅇ	ㅇ	대

🦇 아래는 '나무 노래'라는 전래동요입니다. 알쏭달쏭하지만 <보기>를 보고 나무 이름을 맞혀 보세요.

보기

살구나무, 솔나무, 감나무, 등나무, 쪽나무,
가시나무, 옻나무, 밤나무, 뽕나무, 참나무

가자 가자 _____   오자 오자 _____

등 밝혀라 _____   대낮에도 _____

입 맞추자 _____   바람 솔솔 _____

방귀 뽕뽕 _____   따끔 따끔 _____

거짓말 못해 _____   너랑 나랑 _____

동화책 제목 초성 퀴즈와 나무 이름 수수께끼를 7개 이상 맞혔다면 성공.
알쏭달쏭 마법카드 획득!!!

꽁냥이의 편지 쓰기

꽁냥이의 편지야. 그런데 맞춤법을 많이 틀렸네. 그냥 보내면 창피하니까
언어대장이 틀린 부분을 고쳐 주자!

불상한 인어공주에게
(   )

인어공주님, 안녕하세요? 저는 마녀 마을에 살고 인는 꽁냥이라고 해요.
                    (   )

공주님의 이야기를 일고 얼마나 속이 상했는지 몰라요.
          (   )

제일 화가 나는 것은 왜 언니들 말을 듯지 안은 거예요?
                    (   )

다른 인어들처럼 바닷속에서 살지 다리가 왜 필요한나요?
                         (   )

또 왕자님을 그러케 사랑했으면, 당신을 구해 준 게 바로 나라고 편지를 써야죠.
          (   )

말은 모태도 편지는 쓸 거 아니에요?
     (   )

혹시 글씨를 몰라서 못 썻나요? 이럴 수가!
          (   )

인어공주님이 물거품이 되어 사라져서, 저는 하루 찡일 울었지 뭐예요.
                         (   )

우리가 만나게 된다면 제가 꼭 글씨를 가리켜 줄게요.
                    (   )

                    -공주님만 생각하면 눈물이 나는 꽁냥이가-

문장 만들기가 식은 죽 먹기

꽁냥이가 '쓰기 놀이터'에서 글씨를 많이 써서 팔이 아프다며 투덜거리네. 꽁냥이가 쓴 〈보기〉를 보고 꾸며 주는 말을 넣어 문장을 완성하는 거야. 문장 만들기는 정말 식은 죽 먹기!

 코알라가 잡니다.

➡ 잠꾸러기 **코알라가** 쿨쿨 **잡니다.**

악어가 먹습니다.

➡

송아지가 먹습니다.

➡

나팔꽃이 노래합니다.

➡

비둘기가 노래합니다.

➡

돼지가 춤을 춥니다.

➡

할아버지 상어가 춤을 춥니다.

➡

나를 키우는 책을 보내 주세요!

언어대장, 드디어 마지막 방에 도착했구나! 지금부터 인간 세상에
'책'이 왜 꼭 필요한지 나를 설득해 보렴!

🦇 '책' 하면 떠오르는 것을 자유롭게 적어 보세요.

재미있게
읽은 책

좋아하는
주인공

책

왜 책이
필요할까?

슬픈 책

무서운 책

✔️ '책'을 주제로 동시를 짓고, 좋아하는 책의 주인공들도 멋지게 그려 보세요.

책은 정말 모든 사람들에게 꼭 필요하다는 걸 알았어.
마지막 **두근두근 마법카드**까지 획득!!!

책을 인간 세상으로 보내요!

축하한다, 언어대장! 이제 열다섯 장의 마법카드를 모았으니, '열려라, 뚝딱 열쇠'를 얻을 수 있어. 이제 책을 학교로 보낼 수 있어! 이제 '선생님'이 계신 3층에서 만나자.

🐛 미션을 마친 기분과 책에게 하고 싶은 말을 적어 주세요.

인간 세상의 책들이 모두 돌아간다고? 이제 겨우 한글을 배워 재미나던 참인데. 잉잉….

'깜짝이야 망원경'으로 세상 보기

언어대장은 꽁꽁마녀가 깊이 잠든 틈을 타서 살금살금 옥상으로 올라왔어. 그리고는 무엇을 볼까 잠시 생각한 뒤, "깜짝이야 망원경아! 산호초와 아름다운 열대어가 살고 있는 깊은 바닷속을 보여 줘!"라고 속삭였지. 망원경을 들여다보던 언어대장은 "우와!" 하는 함성을 질렀어. 과연 언어대장의 눈에는 어떤 바닷속 세상이 펼쳐졌을까 상상하며 그려 보자!

친구를 구하라!

1번째 방

지도TIP 종이에서 연필을 떼지 않고 종이 가득 길게 선을 그리도록 해 주세요. 옆에서 "더 길게, 더 길게! 끊어질 것 같아!" 이렇게 추임새를 넣으면 신이 나서 더 길게 그릴 것입니다. 그리고 여기서는 '새콤, 달콤, 매콤'이 어떤 재료의 맛인지는 정확히 몰라도 재료마다 각기 다른 맛이 있다는 것과 맛을 표현하는 단어도 이야기해 보며 풍부한 어휘를 가진 아이로 키워 보세요.

★ **음식을 먹는 소리나 모습을 표현하는 낱말:** 후루룩, 호로로, 짭짭, 쩝쩝, 아삭아삭, 우걱우걱, 우적우적, 벌컥벌컥 등

2번째 방

지도TIP 최근 '비주얼 씽킹(Visual Thinking)' 또는 '이미지 씽킹(Image Thinking)'을 강조하는 교육이 주목받고 있습니다. '글'로 정보를 정리하고 표현하기도 하지만, 내용의 특징을 잘 살린 '이미지'는 간단하면서도 빠르게 정보를 전달할 수 있어요. 끝말잇기로 어휘력을 키워 주는 것은 물론 해당하는 낱말을 이미지로 그려 보는 훈련을 자연스럽게 할 수 있는 기회를 많이 주세요.

★ '친구' → 구두 → 두더지 → 지렁이 → 이발소 → 소나기 → 기차 → 차단기 → 기역 → 역도 → 도깨비 → 비행기 → 기숙사 → 사오정 → 정류장 → 장마 → 마녀 → …

꽁냥이의 마술 놀이터 1
- 🐾 **뿌리를 먹는 채소:** 당근, 무, 우엉, 생강, 고구마
- 🐾 **열매를 먹는 채소:** 오이, 가지, 호박, 고추, 토마토

꽁냥이의 마술 놀이터 2
① 그래서 ② 그러므로 ③ 하지만 ④ 왜냐하면
⑤ 그런데 ⑥ 또

3번째 방

지도TIP 그림 그리기는 아이들에게 본능과도 같은데 그리기를 어려워하거나 아예 그리지 않으려는 아이들이 늘어나고 있습니다. 이때 막연한 주제와 재료를 주고 강요하는 것보다는 간단한 주제를 주고 익숙한 재료를 이용해 작은 종이에 그리도록 하는 것도 그림 그리기와 가까워지는 한 방법입니다.

4번째 방

지도TIP '꽁지 따기 말놀이'는 쉬워 보이지만 먼저 사물의 특징을 알고 말로 표현할 수 있어야 합니다. 그래서 언어 순발력도 생긴답니다. 또 이 놀이는 상대방과 교대로 이어 갈 경우 우선 잘 들어야 한다는 것을 전제로 합니다. 또래끼리 또 어른들과 자주 시도해 보세요.

꽁냥이의 낚시 놀이터
- 🐾 **동화 주인공:** 심청, 콩쥐, 흥부, 견우, 직녀, 알라딘, 라푼젤, 피터팬, 헨젤, 손오공

5번째 방

지도TIP 어린아이라도 친구를 사귀는 방법이 있음을 알아야 합니다. 내가 좋아하는 것을 나누거나 양보하는 것은 물론 예쁜 말을 쓰고, 고맙다는 표현도 머뭇거리지 않고 하는 것 등이지요. 그러려면 어른이 먼저 모범을 보여야겠죠? 아이들의 작은 수고에도 칭찬을 아끼지 마세요.

6 번째 방

지도TIP 아이들에게 한 가지 특징을 정해서 작은 변화를 주도록 하는 활동은 부담 없이 사고의 다양성과 개방성을 키워 줍니다. 여기에 상상력을 키워 가면서 점차 자신의 개성과 취향이 나타나게 되지요.

꽁냥이의 블록 놀이터 1

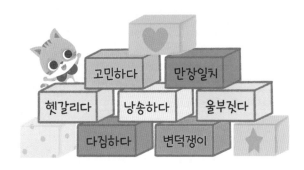

꽁냥이의 블록 놀이터 2

❶ 어깨동무 ❷ 개구쟁이 ❸ 멋쟁이 ❹ 깍쟁이

❺ 새침데기 ❻ 말썽꾼 ❼ 잠꾸러기 ❽ 겁쟁이

❾ 괴롭히면 ❿ 도와주는

7 번째 방

지도TIP '받침 있는 낱말 쓰기'는 생각보다 쉽지 않습니다. 게다가 'ㄴ 받침 낱말'로 '눈사람'을 적었다면 받침에 ㄴ과 ㅁ이 들어가기 때문에 제외해야 합니다. 그러다 보면 낱말이 많이 떠오르지 않아 답답해 합니다. 그럴 때 평소에 읽는 동화책을 펴고 그 속에서 낱말을 찾아보는 것도 좋은 방법입니다.

★ **'ㄱ' 받침 낱말:** 학교, 국수, 낙지, 낙타, 독도, 수박, 주먹, 축구, 거북 등

★ **'ㄴ' 받침 낱말:** 인어, 기린, 눈, 돈, 라면, 문, 문어, 산, 손, 연, 인어, 산타 등

★ **'ㄹ' 받침 낱말:** 돌고래, 갈매기, 거울, 귤, 달걀, 딸기, 물개, 별, 벌레 등

★ **'ㅁ' 받침 낱말:** 감자, 김치, 꿈, 밤, 봄, 섬, 엄마, 여름, 잠자리, 참치 등

8 번째 방

지도TIP 비슷한 형태의 그림이 너무 많고 복잡해서 찾기 어려울 것 같지만 아이들은 의외로 잘 찾아냅니다. 찾고자 하는 사물의 특징을 먼저 살핀 후 찾으면 더 수월합니다. 함께 찾아보세요.

꽁냥이의 개울 놀이터

🐾 떡볶이 → 볶음밥 → 깍두기 → 삼계탕 → 김치찌개 → 된장국 → 제육 덮밥 → 육개장 → 설렁탕 → 부침개

9 번째 방

지도TIP 인디언식 이름 짓기나 캐리커처 그리기를 하려면 먼저 대상의 특징을 잘 파악해야 합니다. 외모나 말투 등 겉으로 나타나는 특징, 또 성격이나 장점 등을 아이들과 함께 이야기해 보며 그에 맞는 이름을 짓고, 연결하여 캐리커처도 함께 그려 보세요.

10번째 방

지도TIP '잰말 놀이'는 '빠른말 놀이'라고도 하는데 빨리 발음하기 어려운 낱말을 골라 만든 문장을 읽는 것이지요. 하다 보면 재미가 있고, 은근히 승부욕도 생겨요. 놀이처럼 자꾸 읽다 보면 아이들의 정확한 발음을 도와주지요. 발음하기 어려운 문장도 새롭게 만들며 우리말에 대한 흥미를 느껴 보세요.

꽁냥이의 퀴즈 놀이터 1

꽁냥이의 퀴즈 놀이터 2

- 독수리가 → 하늘을 → 날아다녀요.
- 제비가 → 지지배배 → 노래해요.
- 상어가 → 가오리를 → 잡아먹어요.
- 오징어가 → 먹물을 → 뿜어요.
- 송사리가 → 연못에서 → 헤엄쳐요.
- 뱀이 → 혀를 → 날름거려요.
- 개가 → 꼬리를 → 흔들어요.

11번째 방

지도TIP '장애'는 단지 불편한 것일 뿐이며, 누구든 장애가 생길 수 있습니다. 무거운 짐을 들고 가는 사람의 짐을 덜어서 함께 들고 가는 것처럼, 도움을 주고받는 과정이 서로 어색하지 않고 자연스럽게 이루어질 수 있으면 좋겠습니다.

12번째 방

지도TIP 글을 읽고 해석하는 능력이 우선되어야 그에 맞춘 솔루션도 나옵니다. 먼저 곤충들의 이야기를 잘 읽어 불만이 무엇인지, 특징이 무엇인지 파악한 후 그에 맞는 이름을 짓는 재미난 활동입니다. 아이들과 함께 놀라운 곤충의 세계에도 관심을 가져 보세요.

꽁냥이의 퍼즐 놀이터

- 자기는 하고 싶지 않았는데 남에게 이끌려서 덩달아 하게 된다는 뜻. → 친구 따라 → 강남 간다
- 서로 떨어질 수 없게 가깝고 필요한 관계라는 뜻. → 바늘 가는 데 → 실 간다
- 나쁜 사람 옆에 있으면 나쁜 모습을 닮게 된다는 뜻. → 먹을 가까이하면 → 검어진다
- 내가 힘들고 어려울 때 옆에 있어 주는 친구가 좋은 친구라는 뜻. → 어려울 때 친구가 → 진짜 친구다
- 자기와 가까운 사람에게 정이 쏠린다는 뜻. → 팔이 → 안으로 굽는다
- 모습이나 상황이 비슷한 친구끼리 서로 돕고 편을 들어준다는 뜻. → 가재는 → 게 편
- 실력이 비슷한 사람들끼리 서로 겨룬다는 뜻. → 도토리 → 키 재기

13번째 방

지도TIP 아이들이 작가적 상상력을 발휘할 수 있도록 하는 활동입니다. 아이들이 쓴 내용과 결과는 어떤 형태든 상관없지만 그런 결과가 나오게 된 과정과 이유에 대해서는 설명과 근거를 갖출 수 있도록 유도해 주세요.

14번째 방

지도TIP 수수께끼는 말놀이의 한 활동일 뿐입니다. 그러니 정답은 달라질 수 있습니다. 물론 문제를 내는 사람이 생각한 답은 있으나 그것이 아이들의 대답과 다르더라도 타당한 이유가 있다면 당연히 답으로 인정해 주세요.

★ **학용품 이름:** 크레파스, 스케치북, 지우개, 연필, 공책

★ **가족 호칭:** 아버지, 이모, 할머니, 고모, 삼촌/사촌

★ **수수께끼:** 우산, 자전거, 휴지통/쓰레기통, 운동화, 바지, 의자, 미끄럼틀, 수학 익힘책

꽁냥이의 쓰기 놀이터

싼다 → **쌌다** · 말할까 바 → **말할까 봐**

쏫았다고 → **쏟았다고** · 무릅 꿀고 → **무릎 꿇고**

너머졌다 → **넘어졌다** · 납쁘게도 → **나쁘게도**

십은 → **싶은** · 쏫아졌다 → **쏟아졌다**

서럽어서 → **서러워서** · 반듯이 → **반드시**

15번째 방

지도TIP '마인드 맵'으로 정리된 모양은 전체를 한눈에 볼 수 있는 지도와 같습니다. 그래서 전체와 세부적인 것을 쉽게 확인할 수 있는 것은 물론 정보를 읽고, 분석하고, 체계화하며 이미지화하기 때문에 효과적인 학습 도구입니다. 주제에 맞게 잘 정리해서 쓸 수 있도록 지도해 주세요. 그리고 '동시 쓰기'는 시적 감성과 표현력을 키울 수 있는 언어 교육의 최상위 활동입니다. 아이들이 어렵지 않게 접근하고, 성취감을 느낄 수 있도록 많이 격려해 주세요.

책을 구해요!

1번째 방

지도TIP 아이들이 식당에서 본 음식 차림표를 생각하면서 적어 보도록 합니다. 좋아하는 음식은 물론 몸에 좋은 음식, 다른 나라 음식도 떠올리면서 음식 종류를 쓰고, 또 어떤 다양한 맛 표현이 있는지 우리말의 깊이와 재미를 느끼며 써 보도록 해 주세요.

★ **맛을 표현하는 낱말:** 달콤한 맛, 시큼한 맛, 떫은 맛, 알싸한 맛, 짭조름한 맛, 비린맛, 칼칼한 맛, 밍밍한 맛, 얼큰한 맛 등

2번째 방

지도TIP 발달 단계에 맞는 언어 놀이는 아이들의 호기심을 자극하는 것은 물론 도전정신을 불러일으킵니다. 그래서 다양한 말놀이를 하게 되면 사용하는 어휘가 풍성해지고, 사고가 확장되지요. '앞뒤가 똑같은 낱말'을 찾는 것은 아이들이 살짝 어려워할 수 있으니 힌트를 주세요.

★ '토마토' → 아시아 → 스위스 → 마그마 → 별똥별 → 기러기 → 수비수 → 석회석 → 기름기 → 일요일 → 오디오 → 실험실 → 기중기 → 사육사 → 사진사 → 아리아 → …

꽁냥이의 마술 놀이터1
◉ **옛날 물건:** 맷돌, 인두, 부채, 붓, 짚신
◉ **요즘 물건:** 믹서기, 다리미, 에어컨, 연필, 운동화

꽁냥이의 마술 놀이터2
① 그루 ② 켤레 ③ 송이 ④ 톨 ⑤ 분 ⑥ 척

3번째 방

지도TIP 아이들이 책 제목을 쓰고, 표지를 완성하고, 몇 장이라도 책 내용을 채워 보는 경험을 한다면 뿌듯한 성취감이 생길 것입니다. 내가 좋아하는 것이나 싫어하는 것에 대한 이야기, 재밌게 읽었던 책 내용 또는 좋아하는 사람에 대한 이야기 등 어떤 것이라도 좋습니다.

4번째 방

지도TIP 아이들이 처음에는 마음을 말로 표현한다는 것을 어떻게 하는 것인지 몰라서 주저하거나 혹은 낱말 뜻을 몰라서 표현하지 못할 수 있습니다. 그럴 때 각각의 '마음' 상태 글을 보며 어른이 먼저 아이들에게 드는 마음을 예로 들어 이야기해 준다면, 의외로 엉뚱하지만 솔직한 아이들의 대답이 나온답니다.

꽁냥이의 낚시 놀이터
◉ **꽃 이름:** 무궁화, 개나리, 진달래, 장미, 국화, 튤립, 나팔꽃, 백합, 해바라기, 카네이션

5번째 방

지도TIP 동화를 많이 읽고 감수성이 풍부한 아이들은 스스로 주인공을 찾아 원하는 내용으로 쓰니 격려해 주시면 됩니다. 그런데 아이들이 선택의 어려움을 겪을 경우, 잠자기만 한 공주, 착하기만 한 주인공, 재수가 좋아 행운을 얻은 주인공보다는 노력형 주인공이 나오는 동화를 제시해 주시면 좋겠습니다.

6번째 방

지도TIP 우리말은 예쁘고 정겹기도 한데다, 그 어느 나라 말도 흉내 낼 수 없는 다양한 표현들로 우리에게 자부심을 느끼게 해 줍니다. 비 이름뿐만 아니라 평소에도 순우리말에 대해 관심을 가지고 사용해 보면 좋겠습니다.

꽁냥이의 블록 놀이터1

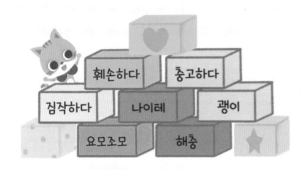

훼손하다　충고하다　짐작하다　나이테　괭이　요모조모　해충

꽁냥이의 블록 놀이터2

① 반드시　② 지르지　③ 앉자　④ 예의 바르게
⑤ 오른쪽으로　⑥ 한 칸씩　⑦ 차례차례
⑧ 뛰어다니지　⑨ 조용히　⑩ 함부로

7번째 방

지도TIP 이번 활동은 주어진 형태를 이용하여 그림을 완성하는 것으로 처음에는 어떻게 해야 할까 고민하는 경우가 있습니다. 그럴 때는 오히려 작은 주제를 주는 것도 방법입니다. 예를 들면, '숫자를 이용해서 동물을 그려 보자', 또는 '숫자를 이용해 과일, 꽃, 사람 동작을 그려 보자' 등과 같이 주제를 정해서 예시로 하나를 그려 준다면 오히려 쉽고 재밌게 시작한답니다.

8번째 방

지도TIP 일단 확연히 눈에 띄게 다른 것에 표시하고, 그림의 한쪽부터 샅샅이 살펴서 다른 그림을 찾아봅니다. 다른 그림 찾기는 아이들 집중력과 관찰력을 키워 주는데 도움을 줍니다. 아이들과 함께 즐겁게 찾아보세요.

꽁냥이의 개울 놀이터

🐾 달팽이 → 애벌레 → 뻐꾸기 → 암탉 → 다람쥐 → 도마뱀 → 박쥐 → 펭귄 → 지렁이 → 갈매기

9번째 방

지도TIP 아이들과 동네에서 본 간판을 기억하면서 어떤 가게에 손님이 많았을까 이야기해 보세요. 또 지나가는 사람을 웃게 하려면 간판에 어떤 말을 넣을까, 꼭 들어오고 싶게 만들려면 간판 이외에 어떤 방법이 있을까를 고민하며 재미있게 진행해 보세요.

1⃝0번째 방

지도TIP '비야 비야 오지 마라'는 언니가 시집가는 날, 비가 오지 않기를 바라는 동생의 마음이 담긴 노래예요. 아이들은 이 가사를 듣고, 어떤 감정이 드는지 물어보세요. 어른의 감성으로 읽으면 애잔한 가사인데 이 느낌을 아이들에게 설명해 주시는 것도 좋습니다. 아이들과 어른의 감성이 같은 가사를 읽어도 어떻게 다른지 말이에요.

콩냥이의 퀴즈 놀이터 1

콩냥이의 퀴즈 놀이터 2

🐾 가람→강, 꼬리별→혜성, 나릿물→냇물, 나래→날개, 미리내→은하수

🐾 미르→용, 볼우물→보조개, 볼가심→입가심, 아리수→한강, 아띠→친한 친구

11번째 방

지도TIP 우리는 책을 통해 간접 경험을 할 수 있으며 또한 위인의 이야기는 실제 인물이었다는 점에서 함께 아파하거나 그의 성공에 기뻐할 수 있습니다. 모든 위인의 공통점이기도 하지만 자신의 강점을 알고, 좋아하는 일을 향한 목표를 갖게 되면 그것을 이루기 위한 노력이 더 값질 수 있다는 것을 이야기해 주세요.

12번째 방

지도TIP 공룡은 특히나 남자아이들이 좋아하지요. 한글을 모르던 아이도 공룡책으로 글을 깨치기도 하니까요. 공룡을 좋아한다면 공룡책을 아이가 원할 때까지 보게 하세요. 대신 조금씩 깊게, 넓게, 다양하게 들어가면 좋아요. 그 깊이에서 새로운 흥미를 찾을 수 있으니까요. 아이들이 편중된 주제로 독서를 한다고 해도 걱정하실 것 없습니다. 취향에 맞춰 제공하다가 주제와 깊이를 넓혀 가는 것이 아이들이 훨씬 더 책을 가까이 할 수 있는 방법입니다.

콩냥이의 퍼즐 놀이터

🐾 낫을 보고 'ㄱ'자를 모를 만큼 아는 것이 없다는 뜻. → 낫 놓고 → 기역 자도 모른다

🐾 한곳에 오래 있으면 웬만큼 지식과 경험을 쌓게 된다는 뜻. → 서당 개 삼 년이면 → 풍월을 읊는다

🐾 아무리 가르쳐도 소용없다는 뜻. → 쇠귀에 → 경 읽기

🐾 넓은 세상을 잘 모르는 사람이라는 뜻. → 우물 안 → 개구리

🐾 뛰어나고 훌륭한 사람일수록 겸손하다는 뜻. → 벼는 익을수록 → 고개를 숙인다

🐾 아주 조금 알면서 전부 아는 것처럼 군다는 뜻. → 수박 → 겉핥기

🐾 배우는 일에는 나이가 많고 적음이 상관없다는 뜻. → 배움에는 → 나이가 없다

13번째 방

지도TIP '옛날 옛날에'로 시작되는 옛날이야기는 많은 장점이 있지만, 그중에서도 따뜻한 감정이 전해져 온다는 큰 매력이 있지요. 기회가 될 때마다 자주 읽어 주세요.

14번째 방

지도TIP 초성 퀴즈는 한글을 이용한 말놀이로 자음이 나열된 것을 보면 알쏭달쏭하면서도 쉽게 맞힐 수 있을 것 같아 도전정신을 불러일으킵니다. 낱말을 유추하기 위해서 흥미가 가중된 가운데 집중력이 향상되어 단어 실력이 좋아지니, 평소에도 주제를 가지고 자주 해 보시면 좋겠습니다.

⭐ **세계 명작동화 제목:** 엄지공주, 피터팬, 빨간모자, 헨젤과 그레텔, 브레멘 음악대

⭐ **한국 전래동화 제목:** 빨간부채 파란부채, 견우와 직녀, 혹부리영감, 콩쥐팥쥐, 흥부놀부

⭐ **나무 이름:** 감나무, 옻나무, 등나무, 밤나무, 쪽나무, 솔나무, 뽕나무, 가시나무, 참나무, 살구나무

꿍냥이의 쓰기 놀이터

불상한 → **불쌍한** · 살고 인는 → **살고 있는**

일고 → **읽고** · 듯지 안은 → **듣지 않은**

필요한나요 → **필요했나요** · 그러케 → **그렇게**

모태도 → **못 해도** · 못 썻나요 → **못 썼나요**

하루 죙일 → **하루 종일**

가리켜 줄게요 → **가르쳐 줄게요**

15번째 방

지도TIP 아이들이 자신의 느낌을 쓴 글은 언제 봐도 시가 되고, 그림은 멋있는 예술작품이 됩니다. 어른들의 글, 그림과는 다른 매력이 있습니다. 동시를 쓰는 것이 숙제가 되지 않도록 그냥 느낌을 쓰도록 해주세요. 동시 쓰기로 관찰력이 생기는 것은 물론 표현력과 어휘력이 풍부해집니다.